HEYNE BÜCHER
SACHBUCH

Gisela Pauly

Mir langt's!

Eine Lehrerin steigt aus

WILHELM HEYNE VERLAG
MÜNCHEN

HEYNE SACHBUCH
Nr. 19/399

Umwelthinweis:
Dieses Buch wurde auf
chlor- und säurefreiem Papier gedruckt.

Ungekürzte Taschenbuchausgabe
im Wilhelm Heyne Verlag GmbH & Co. KG, München

Printed in Germany 1996
Umschlaggestaltung: Atelier Adolf Bachmann, Reischach
Druck und Verarbeitung: Ebner Ulm

ISBN 3-453-09143-4

Montag

Die Zahl der Analphabeten in NRW wächst

In Nordrhein-Westfalen gibt es inzwischen schätzungsweise mehr als 400 000 Analphabeten – und ihre Zahl steigt weiter an. Mindestens 1,4% der Schüler sind vom »funktionalen« Analphabetismus bedroht, der Nicht-Beherrschung der Schriftsprache im Alltag. Schließlich hat jedes zweite Kind in der fünften Schulklasse erhebliche Defizite im Lesen, Schreiben oder Rechnen.
Eine Umfrage bei den 50 größten Konzernen in NRW hat ergeben, daß die Unternehmen insbesondere über die Schwächen der Ausbildungsplatzbewerber in Lesen, Schreiben und Rechnen klagten. Zum Beispiel bei der Deutschen Bank beständen deswegen durchschnittlich nur 35% der Aspiranten die Aufnahmetests, beim Unternehmen Klöckner-Humboldt-Deutz fielen aus demselben Grund im Durchschnitt 60% der Bewerber durch.

Westfälische Nachrichten, Münster

Damian überholt mich heute morgen schon am Stadtrand. Der röhrende Motor seines BMWs mit den ausgestellten Kotflügeln über den überbreiten Breitwandreifen kündigt ihn an, brüllt in meinem Rücken los, bis das schwarze Geschoß an meiner hinteren Stoßstange haftet. Ein halbes Schuljahr lang ist mir Morgen für Morgen der Schreck in die Glieder gefahren, jetzt gönne ich Damian kein einziges Wimpernzucken mehr. Sein hämisches Lächeln jedoch ist ungeachtet meiner ausbleibenden Reaktion das gleiche geblieben. Solange er diesen Wagen fährt, versucht er, mich und meinen untermotorisierten Mini zu provozieren. Damian gehört zu jenen jungen Männern, die ein Auto wie eine Waffe benutzen, und überdies zu denen, die Überlegenheit als einziges Lernziel akzeptieren. Und was eignet sich nach einem überaktiven Penis dafür besser als der Name eines teuren Autos? Und sein Heckspoiler als sattsam bekanntes Phallussymbol? Habe ich nicht kürzlich eine Mitschülerin verächtlich von einer »Potenzbürste« reden hören?

Ich grinse, ohne daß es mir zunächst bewußt wird. Erst als Damian sich für mein Lächeln rächt, bemerke ich meine erhellte Miene, die meine Gedanken sogar im Rückspiegel meines Autos entlarvt. Erschrocken nehme ich das Lächeln zurück, aber es ist schon zu spät. Damian donnert mit durchgetretenem Gaspedal an mir vorbei, und ich frage mich entsetzt, ob ich für ein unüberlegtes Grinsen haftbar gemacht werden kann für den Fall, daß Damian in der nächsten Kurve sein Leben aushaucht.

Ärgerlich ringe ich meinem altersschwachen Mini ein paar weitere völlig unbedeutende Stundenkilometer ab. Ist es meine Sache, daß Damian bereits als Sechzehnjähriger am Straßenverkehr teilnimmt? Daß ein Aufenthalt als Austauschschüler in Amerika ihm das Privileg einer Fahrerlaubnis zugesichert hat? In den USA kann man eben schon mit sechzehn den Führerschein machen. Und Damian ignoriert das deutsche Recht und zieht auch hier, in seinem Heimatland, als motorisierter Cowboy den Colt, mit dem er allen anderen zeigt, wo's langgeht. Erst mit dem Zweitwagen seiner Mutter, dann mit dem BMW, den ihm der Vater bereitwillig gekauft hat. Er hat ja einen Führerschein, prahlt Damian. Und seine Eltern, nach seinen eigenen Angaben, zucken nur die Schultern.

In dieser Woche habe ich einen Termin mit ihnen. Es muß doch möglich sein, die nötige Einsicht in ihnen zu wecken. Man kann doch nicht warten, bis die Polizei den Jungen erwischt oder er einen Unfall verschuldet. Natürlich könnte ich ihn anzeigen und damit verhindern, daß er Unheil anrichtet – aber ich habe schon genug Scherereien mit ihm. Es wird wirklich Zeit, daß die Eltern sich einmal an ihr Verantwortungsgefühl erinnern und als die Autoritäten handeln, die sie schließlich sind. Oder sein sollen.

Damian prescht davon. Ampellicht, das von Grün auf Gelb, auf Rot wechselt, bremst eine geduldige Autoschlange – der BMW mit der Potenzbürste an der Spitze. Aber Damian denkt nicht daran, sich einer Autorität unterzuordnen. Nicht einmal einer, die persönlich unbeeindruckt bleiben wird von seiner Mißachtung. Wie diese Ampelanlage. Aber vielleicht hofft er auf die angemessene Empörung in seinem Rücken? Für Damian ist Entrüstung genausogut wie Anerkennung. Hauptsache, er hat sich aus der Masse herausgereckt.

Ich sehe seinem schlingernden Spoiler nach, beobachte

besorgt die aufblitzenden Bremsleuchten und sage mir zum wiederholten Male, daß mich die Fahrgewohnheiten meiner Schüler nichts angehen. Daß meine pädagogische Aufgabe erst an der Schultür beginnt, wo die Schüler noch um jeden Zentimeter unbesetzten Terrains kämpfen. Ärgerlich trommle ich auf das Lenkrad. Natürlich weiß ich, daß ich mir etwas vormache, daß die Pädagogik etwas Ganzheitliches ist und viel zu oft mit der Vermittlung von Kenntnissen gleichgesetzt wird. Ich unterrichte die Schüler im Schulgebäude, aber mein pädagogischer Einfluß sollte zeitlich und örtlich unbegrenzt sein. Professor Buchheim, erstes Semester. »Erziehung ist soziales Handeln. Und die Pflicht, sozial zu handeln, endet selbstverständlich nicht mit dem Pausengong. Sie haben einen Beruf gewählt, meine Damen und Herren, in dem Sie nicht zu einer festgelegten Zeit Feierabend machen können. Lehrer zu sein bedeutet, sich über die bloße Unterrichtung hinaus für das Wohl der anvertrauten Schüler einzusetzen.« Ja, ja, Professor Buchheim, damals war eben alles noch anders, Sie sollten heute mal... Und die Erziehung ist doch wohl Aufgabe des Elternhauses und nicht der Schule!
Eine Kreuzung weiter biegt Damian mit quietschenden Reifen in eine Seitenstraße ein. Warum veranstaltet der Junge nur jeden Morgen diese Prunk-und-Protz-Rallye, wenn er dennoch regelmäßig zu spät im Unterricht erscheint? Wohin mag er fahren, bevor er wieder den Weg zur Schule einschlägt? Als ich selbst die Kreuzung passiere, ist von Damian nichts mehr zu sehen. – Ich muß wirklich bald mit seinen Eltern reden.
In Trauben hängen die Schüler vor der Einfahrt zum Lehrerparkplatz. Einige geben bereitwillig den Weg

frei. Ein Junge bewegt sich einen Schritt nach links – gerade genug, wenn auch der andere, mit dem er spricht, einen Schritt nach rechts gemacht hätte. Der aber stellt sich taub und blind. Ein langer, schlaksiger Kerl in nachlässiger Kleidung. Mario? Klar, das kann nur Mario sein. Ich trete die Kupplung, gebe Gas, der leerlaufende Motor heult. Mario scheint nichts zu hören. Andere geben ihm Zeichen, Mario nimmt sie nicht zur Kenntnis. Ich drücke kurz die Hupe, Mario zuckt nicht einmal zusammen. Wenige Zentimeter lasse ich den Wagen vorrollen, bis die Stoßstange die Tasche berührt, die Mario neben seine Füße gestellt hat. Sie kippt um, und der Walkman fällt heraus.

»Ich werd' zum Elch!« kreischt Mario los. »Welcher Hirni schiebt mir da seine Schrottkiste unter?« Er schlägt mit der Faust aufs Wagendach. »Terror in der Penne? Von den Paukern höchstpersönlich?«

Die anderen grölen begeistert, Mario wächst zu einer wichtigen Größe heran. »Das gibt Zoff. Ich laß mir doch nicht den Walkman vermackeln. Wenn der jault, ist ein Hunni fällig.«

Der Weg ist jetzt frei. Ich rolle langsam am Rande des Schulhofs entlang Richtung Lehrerparkplatz. Der Kollege, der Hofaufsicht hat, macht einen Schritt auf mein Auto zu. »Ärger gehabt?«

Ich drehe die Scheibe herunter. »Das war nur wieder Mario. Er hat sein erstes Erfolgserlebnis für heute gesichert. Vermutlich wird es sein einziges bleiben.«

Der Kollege grinst. »Schon möglich. Von mir kriegt er jedenfalls gleich eine Fünf zurück.«

»Passen Sie auf Damian auf«, bitte ich ihn. »Der ist wieder mit seinem heißen Schlitten im Anmarsch. Ich glaube, er kommt deswegen erst nach Unterrichts-

beginn, weil dann die Hofaufsicht beendet ist. So kann er ungehindert auf den Lehrerparkplatz fahren und muß nicht erst lange nach einer Parklücke suchen.«
Wieder lacht der Kollege. »Besser, als versuchte er jetzt, sich durch die Schülermassen zu schieben. Dann gäbe es vielleicht bald Tote und Verletzte zu beklagen.«
»Um Himmels willen!« Ich lege den ersten Gang wieder ein. »Denken Sie an die vielen Nachzügler. Auch zehn Minuten nach Unterrichtsbeginn herrscht auf dem Schulhof noch lebhaftes Treiben.«
Ich parke mein Auto und dränge mich durch die Schülerscharen, meine Aktentasche vor dem Bauch, die mir wie ein Keil meinen Weg durch die Jeans- und Lederjacken bahnt.
»Nu ma sachte, Baby!«
Sachte käme ich niemals pünktlich im Lehrerzimmer an. »Guten Morgen!«
Das Knurren kann genausogut »Morgen« wie »Sockenschuß« heißen.
»Guten Morgen«, sagt Birgit, die sich Freundlichkeit erlauben kann, ohne sich anschließend als »Schleimi« beschimpfen lassen zu müssen. Sie ist nicht nur optisch anerkannt mit ihren dutzendfach geflickten Jeans, den Bikerboots und der Fliegerjacke aus dem Zweiten Weltkrieg, sondern hat darüber hinaus eine erkennbare Vorrangstellung. Was sie sagt, hat Gewicht. Bei Schülern und Lehrern. Es ist deshalb wichtig, mit ihr auf gutem Fuß zu stehen. Für Schüler und Lehrer. Sie hat den Mut, gegen den Strom zu schwimmen, in dem viele ihrer Altersgenossen sinnlos herumrudern und vollauf damit beschäftigt sind, den Kopf aus dem Wasser zu halten.
»Morgen!« murmeln zu meiner Freude noch zwei, drei weitere Stimmen.

Und »guten Morgen!« sagt auch Rita mit den glattgekämmten Haaren, der karierten Steghose und dem dunkelblauen Cardigan.
Fünf Mitschüler wenden sich synchron von ihr ab. Vielleicht sollte ich doch darauf verzichten, immer wieder diesen Gruß herauszufordern?
Auf den Stufen vor dem Eingang hocken die Jungen und Mädchen wie traurige Paradiesvögel. Die Knie vor die Brust gezogen, die Köpfe in die Handflächen gelegt. Gleich mehrere weit aufgerissene Münder gähnen mir entgegen. Die Reste eines aufgeweichten Hefebrötchens kleben zwischen zwei Gebißreihen. Als der teiggesichtige Junge seinen Mund endlich wieder schließt, schiebt er mit der Zunge erst die Vorderzähne, dann den Unterkiefer frei. Der lange Nagel seines rechten Zeigefingers macht sich an die Reinigung der Zwischenräume.
Niemand macht Anstalten, mich passieren zu lassen. Zwar zieht der eine den Kopf ein wenig ein, der andere nimmt die Schulter ein paar Zentimeter zur Seite, und ein weiterer schiebt die Füße zusammen, aber sie scheinen allesamt der Meinung zu sein, daß ein Hürdenlauf zum Tagesbeginn für eine Lehrerin genau das richtige Aufwärmtraining ist.
»Würdet ihr mir bitte Platz machen!«
Sie drängen sich leicht aneinander, so daß ein Gang frei wird in der Breite meines Fußes. Ich stelle ihn vorsichtig hinein. »Würdet ihr mir bitte Platz machen!«
Nein, ihre Bereitschaft hat sich erschöpft. Ich nehme meine Tasche herunter, lasse sie in der rechten Hand schaukeln und dränge mich durch die Oberkörper.
»Au! Ihre Tasche!«
»Tut mir wirklich leid«, entgegne ich ungerührt und

spüre zum erstenmal an diesem Morgen so etwas wie Heiterkeit. »Aber wenn ihr nicht bereit seid, mir Platz zu machen . . .«
Mein rechter Fuß landet auf den langen Fransen einer Lederjacke im Westernstil. Gerade in dem Augenblick, in dem der Junge, der in ihr steckt, ein paar weitere Zentimeter Boden freizugeben bereit ist. Drei Lederfransen kleben an meinen Sohlen.
Nun treibt es den Jungen behende auf die Beine. »Verdammt, mein neuer Kaftan! Für drei Schleifen vom Flohmarkt! Die müssen Sie mir ersetzen.«
Meine Heiterkeit ist wie weggeblasen. »Es ist nicht mein Problem, wenn die Fransen deiner Jacke auf dem Boden herumliegen.«
»Was heißt hier ›herumliegen‹?« Der Junge sieht mich lauernd an. »Sie sind doch wohl versichert, oder?«
»Natürlich«, entgegne ich so kühl wie möglich. »Aber dies ist kein Versicherungsfall.«
Während ich die Treppe hochsteige, höre ich ihn sagen: »War das nicht der Sprachfuzzi? Die Perle, die deinem Bruder mit der Rechtschreibung auf den Keks gegangen ist?«
Eine Handvoll Schüler hat sich am aufsichtführenden Lehrer vorbeigedrückt und scheint jetzt unter der Einöde der menschenleeren Gänge zu leiden. Ein Mädchen sitzt auf einer Plastiktüte, den Kopf auf die Knie gelegt, und versucht, versäumten Schlaf nachzuholen. Ein Junge schlurft aus der Toilettentür, die Hände tief in den Taschen vergraben, den Kopf gesenkt. Vor seiner Mitschülerin bleibt er eine Weile stehen, tritt von einem Bein aufs andere, dann zieht er weiter, nachdem sie keine Anstalten macht, ihn auch nur anzusehen.
Vor mir schiebt sich ein breites Gesäß die Treppe hoch.

Wann Denise wohl die nächste Eingabe machen wird, um zu erreichen, daß der winzige Lift, in den höchstens drei Personen passen, nicht nur behinderten, sondern auch bewegungsfaulen Schülern zugänglich ist?
»Guten Morgen, Denise!«
Ein geknautschtes M mit einem langgezogenen zerkauten O ist die Antwort. Denise ist vollauf damit beschäftigt, ihren untrainierten Körper am Geländer von Stufe zu Stufe zu ziehen.
Ich fliege an ihr vorbei. »In deinem Alter schon so müde? Was soll aus dir werden, wenn du erst einmal in meine Jahre kommst?«
»Mein Bier.« Denise ist mal wieder nicht zu Scherzen aufgelegt. An dem Tag, an dem sie an etwas anderes als an ihr Kaugummi und ihre Bequemlichkeit denkt, werde ich in die Kirche gehen und eine Kerze anzünden.
In der Lehrergarderobe herrscht vorgetäuschte Hektik. Frau Rubenbauer windet sich aus ihrem Mantel, während sie schon versucht, Herrn Hattkämper in ein Gespräch über die neue Rechtsverordnung zu ziehen. Aber Herr Hattkämper entzieht sich ihr geschickt, indem er behauptet, eine intensive Auseinandersetzung mit der Rechtsverordnung sei verfrüht. »Wer weiß, was da noch alles geändert wird.«
Er zieht sich ins Lehrerzimmer zurück, läßt sich auf einem Stuhl nieder, legt die flache Aktentasche, die aussieht, als sei sie ohne Inhalt, auf seine Knie und wartet auf das Läuten, das den Unterrichtsbeginn verkündet. Wie im Wartezimmer eines Arztes hockt er da, bereit, sich zu erheben, wenn er aufgerufen wird. Und mit dem festen Vorsatz, die Spritze zu ertragen, auch, wenn sie weh tut.
Frau Rubenbauer, die außerordentlich diskussionsfreu-

dig ist, hat mich als nächstes Ziel auserkoren. Um sie von der neuen Rechtsverordnung abzulenken, die mir genau wie Herrn Hattkämper ein Buch mit sieben Siegeln ist, richte ich ihre Aufmerksamkeit auf Damian. »Wir müssen darauf achten, daß er seinen Wagen nicht auf dem Lehrerparkplatz abstellt. Wenn wir das nicht verhindern können oder gar stillschweigend akzeptieren, tolerieren wir gleichzeitig, daß ein Sechzehnjähriger am Straßenverkehr teilnimmt.«

»Vielleicht darf er es?« fragt Dr. Bang, der offensichtlich überflüssigen Ärger vermeiden will.

»Nein, er darf nicht«, entgegne ich verstimmt, denn ich habe Dr. Bang die Rechtslage schon mehrfach erklärt. »Sein Führerschein gilt nur in den USA. Die einzige Bedingung, die ihn berechtigt hätte, diesen Führerschein auch hier zu benutzen, hat er nicht erfüllt. Er war nicht lange genug in den USA.«

Dr. Bang zuckt die Schultern. »Der Junge hat schließlich Eltern, die auf ihn achten können.«

»Aber wir Lehrer haben doch auch eine Erziehungsaufgabe.«

»Genau!« bestätigt Frau Rubenbauer und sieht gespannt von einem zum anderen.

Dr. Bang schüttelt ärgerlich den Kopf. »Die Erziehung ist die Aufgabe der Familie. Man muß sogar befürchten, daß eine Erziehung außerhalb des Elternhauses sich unmittelbar gegen die Familie richtet. Und das wollen Sie doch nicht, oder?«

Ich merke, wie mein Blut sich dem Siedepunkt nähert. »Diese Sorge ist doch eine heuchlerische Bemäntelung unserer Bequemlichkeit.« Ich komme Dr. Bang entgegen, indem ich mich in diese Trägheit miteinschließe. Ich wäre ja genauso heuchlerisch, wenn ich es nicht

täte. Schließlich habe ich bisher auch noch nichts unternommen, um Damian aus dem Straßenverkehr zu entfernen.
Dr. Bang wird versöhnlicher. »Es ist sehr schwierig, Erziehungsziele außerhalb der Familie durchzusetzen. Selbst die Politiker haben sich aus ihrer Erziehungsaufgabe zurückgezogen. Und das ist doch auch richtig so! Oder nicht? Schließlich leben wir ja in einer Demokratie.«
Nun ist mein Blut doch ins Brodeln geraten. »Sie wollen doch nicht behaupten, daß der Rückzug aus der Erziehungsaufgabe besonders demokratisch ist? Im Gegenteil! Eine Demokratie ist gar nicht lebensfähig ohne die Erziehung ihrer Bürger – von Kindesbeinen an.«
»Das ist dann eine Diktatur«, beschließt Dr. Bang kurz und bündig. »In Diktaturen werden die Menschen gedrillt, damit sie so werden, wie der Diktator es will.«
»Unsinn!« rufe ich. »Das ist gar keine Erziehung! Das ist Mißbrauch von Erziehung. Zu dem Begriff gehört, daß es immer nur um Erziehung zur Freiheit des einzelnen in der Gemeinschaft mit freien Menschen geht. Und der Staat wird sich gerade in der heutigen Zeit verstärkt um diese Erziehung kümmern müssen. Oder wie sollen die jungen Rechtsradikalen wieder auf den richtigen Weg zurückgeführt werden?«
Dr. Bang bleibt mir eine Antwort schuldig. Und ich dränge ihn nicht, die Diskussion fortzusetzen. Ich habe einen Termin bei meinem Schulleiter. Einen in einer langen Reihe ähnlicher Termine, die nötig sind, um eine Klassenarbeit zurückzugeben.
»Schon wieder Paragraph 22?« fragt Herr Tucker stirnrunzelnd, als ich mit einem Stapel Hefte unter dem Arm vor seinem Schreibtisch stehe.
Ich zucke die Schultern und lege die Hefte vor ihn

hin. »Wieder die Hälfte nicht ausreichend. Dabei haben wir diese verflixten Kommaregeln bis zum Anöden geübt.«

Tucker sieht mich strafend an. Verbale Entgleisungen sind ihm zuwider, erst recht aus dem Mund einer Deutschlehrerin. »Da in Ihren Klassen überdurchschnittlich häufig mangelhafte Leistungen zu beklagen sind«, beginnt er mit einem langen Blick auf meine Beine, »muß man wohl davon ausgehen, daß die Anforderungen, die Sie an die Schüler stellen, zu hoch angesetzt sind.«

Da Herr Tucker auch nach den zwanzig Jahren meines Schuldienstes noch meinen kurzen Rock und meine Beine zur Kenntnis nimmt, verzeihe ich ihm immer wieder seine Arroganz. »Das ist unmöglich«, entgegne ich so ruhig, als hätte ich meinen dümmsten Schüler vor mir. »Diese Arbeit habe ich in anderen Jahrgängen schon schreiben lassen, und zwar mit guten Ergebnissen. Mit voller Absicht habe ich diesmal einen Text gewählt, den vor fünf Jahren eine Klasse mit demselben Leistungsstand geschrieben hat. Damals hatte ich einen Notendurchschnitt von 2,1. Die Arbeit war also nicht zu schwer.«

Ich gönne Tucker einen ausgiebigeren Blick auf meine Beine, ehe ich fortfahre. »Außerdem kann ich belegen, daß diese Arbeit sorgfältig vorbereitet worden ist. Sie können Einblick in meine Unterrichtsentwürfe nehmen. Ergänzend kann ich Ihnen die Aufgaben vorlegen, die die Schüler als Hausarbeit zu erledigen hatten.«

Für das, was nun kommen soll, schlage ich vorsichtshalber die Beine mit der Lässigkeit einer Bardame übereinander und lasse zu, daß sich mein Rock eine Handbreit nach oben schiebt. »Allerdings hat meine regelmäßige

Kontrolle der Hausarbeiten ergeben, daß kaum die Hälfte der Schüler sie erledigt hat.«
Ich blicke störrisch in sein entrüstetes Gesicht. »Was soll ich machen? Ich kann sie doch nicht zwingen.«
»Natürlich nicht.« Tucker spielt jetzt wieder den gütigen, geduldigen Patenonkel, der nicht müde wird, immer aufs neue dieselben Erklärungen zu geben. »Aber ihr pädagogischer Einfluß sollte so weit reichen ...«
Das Patenkind wird renitent. Alle Meinungsverschiedenheiten lassen sich eben doch nicht per Minirock nivellieren. »Hören Sie mir bloß mit dieser didaktischen Theorie auf! Sie wissen doch selbst, daß die Praxis ganz anders aussieht. Als wir selber noch Schüler waren, hätten wir es nicht gewagt, Schulaufgaben unerledigt zu lassen. Weil wir den Druck fürchteten und die Strafen, sowohl von den Lehrern als auch von den Eltern. Und deswegen haben wir auch vieles gelernt, ohne dazu ausdrücklich motiviert gewesen zu sein. Aber heute? Heute bekommen die jungen Leute keinen Druck mehr zu spüren. Und erst recht keine Strafen. Aber wollen Sie bestreiten, daß die Motivation zu lernen von Jahr zu Jahr abnimmt? Lernbereitschaft und -wille sollten anstelle von Zwang stehen, so wollte es die moderne Pädagogik. Aber nun gibt es weder Zwang noch Lerneifer. Nur noch null Bock. Wenn dagegen Motivation und Druck gemeinsam ...«
»Führung«, korrigiert Tucker.
»Meinetwegen Motivation und Führung ... Ich könnte diese großen Kinder ja auch an eine Leine legen und hätte im Nu erreicht, daß sie dort ankommen, wo sie sein sollen. Habe ich sie dann geführt?«
Tucker windet sich in seinem Stuhl.

Zufrieden ziehe ich meinen Rock über die Knie. »Es ist also vieles nur eine Frage der Definition. Und der Schönfärberei. Zwischen Motivation und Zwang besteht doch ein viel engerer Zusammenhang, als allgemein zugegeben wird. Im Klartext: Meine Schüler sind nicht zu motivieren, weil ich sie nicht zwingen darf. Und weil sie nicht gezwungen werden dürfen, lernen sie nichts und werden von Jahr zu Jahr dümmer.«
Tucker erhebt sich und schließt das Fenster, als wollte er verhindern, daß meine Ketzerei an die Ohren der letzten ahnungslos Gläubigen dringt. »Es muß doch möglich sein«, beginnt er mit der mäßigenden Ruhe eines Psychiaters, »den Schülern klarzumachen, daß das im Unterricht Erlernte geübt und gefestigt werden muß. Appellieren Sie an ihre Vernunft!«
»Wozu?« frage ich aggressiv. »Wie sollen sie das einsehen, wenn ich in wenigen Minuten dieses Zimmer verlassen werde mit der Auflage, meine Klassenarbeit noch einmal schreiben zu lassen. Natürlich nachdem ich sie gründlich besprochen habe. Und sicherlich soll die Wiederholungsarbeit der ersten sehr ähnlich sein, damit endlich das Ergebnis erzielt wird, das wir uns alle wünschen.«
Manchmal könnte ich heulen. Immer dann, wenn das Gefühl der Ohnmacht so heftig wird, daß ich nicht mehr zwischen Wut und Hilflosigkeit unterscheiden kann. »Die Schüler haben doch längst begriffen, daß ihre Faulheit durch besonderes Entgegenkommen unterstützt wird.« Ich ärgere mich, daß meine Stimme zu zittern beginnt. »Immer wieder machen sie die Erfahrung, daß sie nur alle miteinander faul genug sein müssen, um sicher zu sein, daß man ihre Unkenntnisse so lange streicheln wird, bis irgendein

zufriedenes Grunzen bereits als erreichtes Lernziel beklatscht wird.«
Tucker gönnt meinen Beinen jetzt keinen Blick mehr. »Wozu haben wir die ASchO? Wollen Sie etwa, daß ich Anordnungen treffe, die gegen die Allgemeine Schulordnung verstoßen?«
Ich nicke. »Die ASchO muß sein. Die ASchO ist wichtig für die Entscheidung in Zweifelsfällen. Aber dies ist kein Zweifelsfall. Sie als Schulleiter haben die Möglichkeit, die Bewertung dieser Klassenarbeit abweichend von den generellen Bestimmungen der ASchO zu genehmigen. Warum tun Sie es nicht? Warum wollen Sie den Schülern keine Konsequenz zumuten? Wie sollen diese Kinder lernen, daß ihre Nachlässigkeit eine schlechte Note zur Konsequenz hat? Ihnen muß doch endlich der Zusammenhang zwischen fehlenden Hausarbeiten und schlechten Leistungen klar werden. Haben Sie nicht eben selbst gesagt, daß in den Schülern die Einsicht geweckt werden muß, daß das im Unterricht Erlernte durch Hausaufgaben gefestigt werden muß? Das werden sie nie begreifen, wenn sie immer wieder die Erfahrung machen, daß sie auch ohne jedes Pflichtbewußtsein zurechtkommen.«
Tucker steht auf. Anscheinend will er signalisieren, daß unsere Unterredung beendet ist. »Sie wissen, daß es einige Eltern gibt, die gegen eine solche Entscheidung sofort Protest einlegen würden.«
»Na und?« Ich erhebe mich ebenfalls. Aber nur, weil ich nicht zu Tucker aufsehen will. »Wenn ich Ihnen die Grundlage für Ihre Entscheidung liefere, haben Sie alle Argumente, die Sie brauchen, in der Hand.«
»Die fehlenden Hausarbeiten meinen Sie?« Tucker sieht mich mitleidig an. Seine Mundwinkel ziehen sich nach

unten, und ich weiß, daß er sich jetzt in eine Gegenattacke retten wird, um sein Gesicht zu wahren. Ich kenne ihn doch.

»Könnte es sein, daß Sie einen Fehler machen?« Aha, jetzt wird mir irgendein Schwarzer Peter zugeschoben. »Sollten Sie nicht einmal versuchen, die Ursachen für die Probleme in Ihrer Klasse bei sich selbst zu suchen? Viele Ihrer Kollegen kommen nie zu mir mit der Bitte, eine Klassenarbeit zu genehmigen, die so schlecht ausgefallen ist, daß der übliche Bewertungsmaßstab nicht anzulegen ist.«

»Natürlich«, erwidere ich hitzig. »Ich könnte es mir auch bequem machen. Ich könnte auch den Notenstandard senken und mich im Zweifelsfall immer für die bessere Zensur entscheiden. Dann habe ich weder Ärger mit den Schülern noch mit den Eltern und auch keine Schereien mit meinem Schulleiter.« Ich blitze Tucker zornig an. »Aber wer hilft dann meinem Gewissen? Ich möchte nämlich nicht mitschuldig werden an der Analphabetisierung der nächsten Generation.«

»Mäßigen Sie sich. Was Sie reden, ist blanker Unsinn.«

»Nein, höchstens ein wenig übertrieben. Weil es vermutlich noch zwei bis drei Generationen dauern wird, bis es soweit ist. Aber ich möchte auch nicht Weggefährte dieser Entwicklung sein.«

Tucker geht mit ein paar schnellen Schritten zur Tür und öffnet sie. »Sie haben sich nicht in der Hand, meine Liebe. Ein Lehrer sollte nicht so schnell die Beherrschung verlieren oder sich gar in Unsachlichkeiten verirren. Wenn Sie in Ihrer pädagogischen Arbeit ähnlich reizbar sind, wundert mich wirklich gar nichts mehr. Ein bißchen mehr pädagogisches Geschick, und Sie werden sehen ...«

Den Rest höre ich mir nicht mehr an. Natürlich hat Tucker recht, wenn er beanstandet, daß mir wieder einmal das Temperament durchgegangen ist. Und natürlich sollte ich mich beherrschen können und kühl und sachlich meine Meinung vortragen, aber ...
Das obere Heft rutscht vom Stapel. Ich greife zu, will es wieder zurückordnen, dabei geraten auch die anderen Hefte ins Rutschen, und dann gibt es kein Halten mehr. Ich gehe in die Knie, um die verstreuten Hefte wieder einzusammeln. Richte Schutzumschläge, schiebe Löschblätter zurück, streiche Eselsohren glatt. In meiner Nähe wird gekichert. Denise vergißt vor lauter Lachen sogar das Kaugummikauen. Ich habe sie selten so heiter gesehen. Und damit steht fest, daß ich mich über Tuckers Anordnung hinwegsetzen werde. Ich werde die Arbeit nicht noch einmal schreiben lassen, ich werde sie werten. Genau so, wie ich sie benotet habe. Basta!
»Warum bist du noch nicht in der Klasse?« herrsche ich Denise an.
Die prustet in ihre Handflächen, daß der kaugummirosagefärbte Speichel durch die gespreizten Finger spritzt.
»Total geil«, murmelt sie, als endlich auch das letzte Heft in die Ordnung meines Stapels zurückgefunden hat. Und mein wütendes Gesicht veranlaßt sie prompt zu einem weiteren ästhetisch unerfreulichen Heiterkeitsausbruch, ehe sie sich abwendet und in Richtung Klassentür davontrottet.
Das Gespräch mit Tucker hat mehr Zeit gekostet, als ich erwartet hatte. Der Unterrichtsbeginn ist schon vor einigen Minuten eingeläutet worden. Die Gänge sind leer, die Klassentüren geschlossen, doch der Lärm dahinter läßt darauf schließen, daß die Arbeit in vielen Klassen noch nicht begonnen hat.

Einige Kollegen begegnen mir auf dem Flur. Zum Beispiel Frau Sternberg, die für solche Fälle einen besonders eiligen Schritt und einen geschäftigen Gesichtsausdruck zur Verfügung hat. Beides soll unter Beweis stellen, daß sie der Lösung eines schwerwiegenden Problems nachjagt, das keinerlei Aufschub duldet und dem deswegen die erste Viertelstunde ihres Unterrichts geopfert werden muß. Keine Frage, daß sie sich zum Wohle der ihr anvertrauten Schüler so abhetzt! Sie scheint mich kaum zur Kenntnis zu nehmen, nickt mir nur, von ihrer Mission voll in Anspruch genommen, flüchtig zu, beschleunigt ihren Schritt zu einem kleinen hüpfenden Galopp und schüttelt ihr Schlüsselbund wichtigtuerisch in Richtung Lehrerbibliothek. Trotzdem entgeht mir nicht, daß sie an der Tür der Bücherei vorbeieilt und ihr Schritt schließlich gemächlich vor der Tür der Lehrerinnentoilette endet, wo sie, wie ich aus vielfacher Erfahrung weiß, ihr Make-up vervollständigt, was ihr zeitaufwendiges Vollkornfrühstück mit der anschließenden Morgengymnastik zur Steigerung der psychischen und physischen Abwehrkräfte durch zusätzliche Sauerstoffzufuhr nicht mehr zugelassen hat.
Auch Herr Hattkämper hat sich noch nicht entschließen können, der Gefahr ins Auge zu sehen und die Spritze, die vermutlich doch schmerzhafter sein wird, als er angenommen hatte, zu ertragen, ohne zu jammern. Umständlich schließt er die Tür des Sekretariats hinter sich, wobei er durch wiederholte Sicherung nach hinten gewährleistet, daß niemand ihm folgt und weder seine Aktentasche noch die weiten Aufschläge seiner Hosenbeine durch die zuschnappende Tür in Gefahr geraten. Erst als es gar nichts mehr zu geben scheint, das die

erste Unterrichtsstunde aufhalten könnte, macht er sich auf den Weg. Winkt mir einen eifrigen Gruß zu, als er mich entdeckt. »Übrigens, auf dem Lehrerparkplatz steht so ein aufgetakelter BMW. Ob der Damian gehört? Hinten mit so einem ... Spoiler nennt man das, glaube ich.«
»Nein«, entgegne ich beschwingt. »Potenzbürste.«
Herr Hattkämper stutzt, überlegt, ob dies ein Grund zu lächeln sein könnte, entscheidet sich schließlich dagegen und sagt vorwurfsvoll: »Aber Damian darf doch sein Auto gar nicht auf dem Lehrerparkplatz abstellen.«
»Er dürfte nicht einmal damit fahren!« entgegne ich.
Herr Hattkämper schüttelt verständnislos den Kopf und ist nun nichts anderes mehr als ein emsiger Pädagoge, der sich beeilt, um die Ungeduld seines wartenden Auditoriums nicht länger als notwendig zu strapazieren. Als er die Tür zum Klassenzimmer öffnet, stürzt ein zwanzig- bis dreißigfaches Gebrüll in den Gang, das von der geschlossenen Tür schlagartig wieder gedämpft wird, sich aber erst allmählich auf eine erträgliche Lautstärke reduziert.
In meiner Klasse tobt dagegen noch ungezügeltes Chaos. Einerseits bin ich froh, daß ein wohlmeinender Kollege meiner Klasse die Tür geöffnet und ihre Unarten somit aus dem Blickfeld der Öffentlichkeit genommen hat – andererseits befürchte ich immer wieder, daß diese kleine Abweichung von den vielen Bestimmungen, die das Zusammenleben an unserer Schule regeln, um für den Fall eines Unglücks die Schuldfrage im Nu klären zu können, einmal der Haken sein wird, an dem meine pädagogische Unbescholtenheit erhängt wird. Wenn ich bedenke, was allein Mario in seiner Hemmungslosigkeit alles anrichten könnte!

Mario versucht gerade, einer Mitschülerin eine Coladose zu entwinden. Im Ziehen und Zerren spuckt die Dose in entsprechenden Intervallen den Inhalt über Birgits Tasche, Ritas Strickjacke, Carstens Bücher, Norberts Hefte . . .

»Verdammte Sau!«

»Fischkopp!«

»Zieh Leine, du Penner, sonst gibt's was auf die Socke!«

»Ruhe!« Um ein Haar wäre der Heftstapel erneut ins Wanken geraten. Ich sehe das gierige Aufblitzen in Denise' Augen, kann aber gerade noch rechtzeitig den Stapel auf dem Pult absetzen, wo er, in Auflösung begriffen, über den ersten Tisch rutscht und den dort sitzenden Schülern heftweise entgegenschlittert. Selbst das entlockt Denise noch ein würgendes Kichern. Sie reißt den Mund auf und verkrampft sich in einem statischen Lachen, wobei Ober- und Unterkiefer durch gedehnte Kaugummifäden zusammengehalten werden. Mario hat bemerkt, daß ich den Raum betreten habe. Ausnahmsweise begibt er sich unverzüglich an seinen Platz. »Mein Walkman ist im Eimer!«

»Guten Morgen.«

»Der ist hin, sage ich Ihnen!«

»Guten Morgen!«

»Ein Hunni ist fällig, aber echt!«

»Guten Morgen, verdammt noch mal!!« Ich erschrecke über meine eigene Stimme, die mal wieder viel zu hart, viel zu herrisch, viel zu schrill ist.

Laute Schüler werden mit der leisen Stimme des Lehrers diszipliniert, sagte Professor Buchheim. Lassen Sie sich nicht herab zu schreien, weil Ihre Schüler schreien. Aber wie soll ich ihre Aufmerksamkeit erregen? würde ich Professor Buchheim heute fragen. Wie soll ich erreichen, daß sie mir zuhören? Sie haben den Schlüssel zur Aufmerksamkeit in der Hand, pflegte Professor Buchheim zu sagen. Alles Interessante findet von selbst aufmerksame Zuhörer und Zuschauer. Natürlich dürfen Sie sich nicht damit begnügen, die Aufmerksamkeit der Schüler nur dort zu erregen, wo die Unterrichtsgegenstände ein natürliches Interesse finden, nein, Ihr Ziel muß es sein, die Aufmerksamkeit in eine willentliche Funktion zu überführen. Und dazu bedarf es einer langen, an die seelische Reife angepaßten Aufmerksamkeitspflege. Professor Buchheim, wie wecke ich das Interesse der Schüler an meiner Person, um zu erreichen, daß sie mich wenigstens begrüßen?

Ich bin sicher, Professor Buchheim hätte darauf keine Antwort gewußt. Damals war Höflichkeit ja noch etwas Selbstverständliches. Vielleicht hin und wieder als lästige Pflicht empfunden, aber doch als unentbehrliche, deren Wert jeder spätestens dann erkannte, wenn ihn selbst die Unhöflichkeit einmal traf. Doch mit den fragwürdigen Erziehungszielen des schönen Händchens, des Knickses und des Dieners, die zu Recht abgeschafft wurden, veränderten sich die Strukturen der gesellschaftlichen Formen in erschreckendem Tempo hin zu einer generellen Ablehnung aller Höflichkeitsmuster. Warum diese Abkehr? Weil Traditionen an Wert verloren? Weil Konventionen belächelt und zurückgewiesen wurden? Und das nur deshalb, weil sie eine Überlieferung anderer Generationen waren? Weil die Pädagogik zu neuen Ufern aufbrach und das ganze einengende Regelwerk hinter sich lassen wollte, unter dem jeder von uns manchmal gelitten hatte? Weg mit den alten Zöpfen! Auf in den Fortschritt! Doch die weitverzweigten Wege in die Zukunft führten prompt in die

Irre. Wie unbarmherzig war es doch, den Kindern die Regeln der Höflichkeit zu nehmen, die ihnen eine verläßliche Stütze hätte sein können im Aufbau zwischenmenschlicher Beziehungen, in der Konfliktbewältigung, der Erfolgssicherung. Wenn ich mir diese großen Kinder ansehe, wie sie sich kaugummischmatzend auf ihren Stühlen lümmeln, in hellwacher Brutalität einander verbale Verletzungen zufügen, wie sie kampflos ihren Charakter verkrauten lassen – tun sie mir einen Augenblick leid.

Ich nehme den Heftstapel feierlich in die Hand, strecke ihn auf vorgereckten Händen in die Klasse, warte, bis alle Schüler endlich ihre Plätze eingenommen haben und Ruhe eingekehrt ist. In der Tat, Professor Buchheim, ich habe ihr Interesse geweckt! Eine Lehrerin, die dasteht wie ein Mahnmal, dem noch ein Sinnspruch aufgeprägt werden muß, erregt die Aufmerksamkeit auch der uninteressiertesten Schüler.

»Guten Morgen«, wiederhole ich mit leiser Stimme.

Und tatsächlich gibt es die eine oder andere Reaktion.

»Hallo«, sagt auch Mario. »Aber der Hunni ist fällig.«

»Darüber reden wir nach der Stunde.«

Mario ist mit dem dicksten, zottigsten, ramponiertesten Fell ausgestattet, das ich kenne. Aber mein Tonfall macht sogar ihm klar, daß in dieser Minute kein Hunni aus mir herauszuholen ist.

»Die Deutscharbeiten.« Ich lege den Stapel feierlich aufs Pult, stütze mich mit beiden Händen darauf, drücke die Arme durch, winkle dann die Ellbogen leicht an, beuge den Oberkörper ein wenig vor – ich bin sicher, genauso bedeutend auszusehen wie der Präsident der Vereinigten Staaten. Und meine Zuhörerschaft scheint tatsächlich auf eine inhaltsschwere Ansprache gespannt zu sein. Ich sehe Norberts Grinsen und weiß, was er denkt: Notendurchschnitt mal wieder unter aller Kanone! Mehr als ein Drittel der Arbeiten nicht ausreichend! Wieder unmöglich, die Arbeit zu werten! Was wird sie tun? Großzügig zensieren? Oder die Arbeit noch einmal schreiben lassen?

»Ihr habt sicherlich kein gutes Ergebnis erwartet.« Ich sehe eindringlich in grinsende, gleichmütige und erwartungsvolle Gesichter. »Aber mehr war euch diese Arbeit ja nicht wert. Wer nicht viel will, bekommt auch nur wenig.«

»Was soll das heißen?« fragt Norbert irritiert.

»Die Arbeit ist schlecht ausgefallen«, entgegne ich ruhig. »Aber ich werde sie dennoch werten. Schließlich haben wir die Kommaregeln ausgiebig geübt, haben sie in den Hausaufgaben vertieft . . .«

»Hausaufgaben!« speit mir jemand aus der Klassenmitte verächtlich entgegen.

». . . also«, fahre ich unbeirrt fort, »gibt es keinen Grund, die Arbeit nicht zu bewerten.«

Und ich beginne, die Hefte auszuteilen.

»Ich will den Notendurchschnitt«, ruft Norbert, nachdem er sich die Vierminus in seinem Heft lange genug angesehen hat. »Schreiben Sie den Notendurchschnitt an die Tafel.«

»Du willst mich bitten, den Notendurchschnitt an die Tafel zu schreiben?«

Norbert glotzt mich an. »Sag ich doch.«

»Dann formulier es bitte auch so.«

»Hab ich 'nen Schaden in der Elektronik, oder was ist los?« Norbert sieht fragend in die Runde und trifft auf die gleiche Verständnislosigkeit, die in sein eigenes Gesicht geschrieben steht.

»Ich möchte«, erkläre ich ruhig, »daß ihr eine Bitte, die ihr an mich richtet, auch in eine Bitte kleidet. Damit meine ich das kleine, ganz und gar kostenlose und dennoch so wertvolle Wort ›bitte‹.«
»Puh!« macht Birgit. »So was habe ich doch schon mal von meiner Oma gehört.«
Und auch Norbert scheint plötzlich zu begreifen, was ich von ihm will. In seinen klaren, sympathischen Augen, die er leider viel zu häufig in kritische, mißtrauische, verärgerte oder abweisende Furchen gräbt, flackert es für Sekunden belustigt auf. »Hätten Sie bitte die Güte, den Notendurchschnitt an die Tafel zu schreiben?«
Zustimmendes Grölen belohnt seine verbale Aufopferung, während ich mein Notenbuch zur Hand nehme und damit beginne, hinter den Noten Eins bis Sechs mit senkrechten Strichen die jeweilige Schülerzahl zu vermerken. Hinter der Eins bleibt der Platz frei, ein einziger Strich hinter der Zwei belegt Birgits Interesse an Sprache, die Linien hinter der Drei die Bemühungen einiger weniger um gute Leistungen – im unteren Bereich meiner Auflistung drängeln sich viele Striche, durch waagerechte Balken zu Fünfergruppen gebündelt.
Ein Sturm der Entrüstung fegt über die Bankreihen.
»Abartig!«
»Sauerei!«
»Bestußte Kommagärtner!«
»Nee, nee«, sagt Norbert, als der größte Lärm sich gelegt hat. »So läuft das nicht.«
Schlagartig wird es still, weil jeder in der Klasse weiß, daß Norbert die ASchO kennt und damit schon so manche Debatte, die zur pädagogischen Seite ausschlagen wollte, lahmgelegt hat.

»Die Arbeit können Sie nicht werten. Paragraph 22! Erreicht bei einer Arbeit ein Drittel der Schüler kein ausreichendes Ergebnis . . .«
». . . so entscheidet der Schulleiter nach Anhören des Fachlehrers, ob die Arbeit gewertet wird.«
Norbert nickt. »Na, also.«
»Ich habe mit Herrn Tucker gesprochen«, sage ich und blättere beiläufig im Klassenbuch. Es fällt mir schwer, den Schülern, und besonders Norbert, ins Gesicht zu sehen, während ich etwas tue, was noch niemals vorgekommen ist: Ich belüge meine Schüler, übergehe die Anweisungen meines Vorgesetzten und belaste mein pädagogisches Gewissen aufs schwerste. Trotzdem bin ich fest entschlossen, es auf die möglichen Folgen ankommen zu lassen. »Herr Tucker hat eingesehen, daß ihr den Unterrichtsstoff beherrschen müßtet. Es liegt auf der Hand, daß eure Leistungen deshalb so schlecht sind, weil ihr im Unterricht nicht aufpaßt, nicht mitarbeitet, weil ihr den Stoff ablehnt und eure Hausaufgaben nicht macht. Paragraph 23 ASchO«, ergänze ich, zu Norbert gewandt.
Sämtliche Köpfe wenden sich ihm zu, um sich seiner Reaktion unverzüglich anpassen zu können. Norbert zuckt gleichgültig mit den Schultern, als hätte ich etwas zwar Richtiges, aber völlig Belangloses angeführt. Seine Unsicherheit ist jedoch für alle anderen offenkundig. So bleibt der Protest in einem empörten Gemurmel stecken.
»Ich bin bereit, euch entgegenzukommen«, spreche ich weiter. Einerseits sicherer geworden, andererseits bemüht, meinen dienstlichen Frevel wenigstens zu einem Teil wiedergutzumachen. »Wir können eine weitere Arbeit über dieses Thema schreiben«, schlage ich vor.

»Dann wird diese nicht gewertet?« fragt Rita hoffnungsvoll.
»Aber meine Zwei!« ruft Birgit aufgebracht. »Die will ich behalten, das sehe ich gar nicht ein, daß . . .«
»Gute Noten werden berücksichtigt«, wirft Norbert herablassend ein, »auch dann, wenn die Arbeit nicht bewertet wird.«
»Sie können berücksichtigt werden«, korrigiere ich ihn. Seit Norbert zu meinen Schülern gehört, werde ich gezwungen, jede Entscheidung in der ASchO rückzuversichern. »Das heißt, ich kann mich dafür oder dagegen entscheiden.«
Norberts Widerspruch unterbinde ich mit einem kräftigen Faustschlag aufs Pult, ohne zur Kenntnis zu nehmen, daß die Schüler in der ersten Bank erschrocken zusammenfahren. »Aber davon kann kein Rede sein! Diese Arbeit wird gewertet, und dabei bleibt es. Ich räume euch lediglich die Möglichkeit ein, die Note zu korrigieren, indem ihr in – sagen wir 14 Tagen – eine bessere Arbeit schreibt. Zwei Wochen reichen aus, um den Stoff gründlich zu wiederholen.«
Denise stemmt ihren Körper in die Höhe und läßt ihn schwer auf den Stuhl zurückfallen. »Ich mach 'nen Abgang.«
»Meinetwegen«, entgegne ich ungerührt. »Dann bleibt die Fünf eben eine Fünf.«
»Was ändert sich denn schon, wenn ich in zwei Wochen eine Vier schreibe?«
»Dann ist aus der Fünf immerhin eine Vierminus geworden. Und du könntest ja auch versuchen, eine Drei zu schaffen.«
»Echte Maloche? Nee, danke!«
Dem Menschen soll nichts beigebracht werden, was sein

Bewußtsein nicht als vernünftig überzeugt. Ja, Professor Buchheim, ich bin sicher, daß Denise nichts Vernünftiges daran findet, Kommaregeln zu beherrschen. Also muß ich doch, wenn Denise die erforderliche Vernunft fehlt, in stellvertretender Verantwortung entscheiden und handeln? Ja, ich weiß, ich darf nur solche Maßnahmen verwirklichen, von denen ich bei gewissenhafter Selbstprüfung annehmen kann, daß Denise sie dereinst rückblickend bejahen wird. Aber wird sie mir jemals dankbar dafür sein, daß sie gelernt hat, vor den erweiterten Infinitiv mit »zu« ein Komma zu setzen? Ich bezweifle es.

»Das mußt du selbst entscheiden, Denise.«

»Scheiße!« tönt es da aus der letzten Bank.

»Was soll das heißen, Carsten?«

»Einfach ätzend, sag ich.«

»Was meinst du?«

Carsten zuckt die Achseln und schweigt.

»Er hat recht«, bekräftigt Elke mit einem Wink ihres Ellbogens zu Carsten hinüber. »Ist echt alles Scheiße.«

Unterhalb des Zwerchfells brodelt in mir wieder die vertraute Ungeduld hoch. »Würdest du dich bitte etwas konkreter ausdrücken, Elke!«

»Ätzend!« wiederholen Carsten und Elke unisono.

Professor Buchheim, woher soll ich die Geduld nehmen? Aus meiner überlegenen psychologischen Größe? Zu spät!

»Mit eurer sprachlichen Armut stellt ihr doch selbst unter Beweis, wie nötig gerade Deutschunterricht für euch ist! Ihr seid ja nicht einmal in der Lage, euren Unmut zu artikulieren.«

Nicht schreien, ruhig bleiben, Überlegenheit ausstrahlen . . . Zu spät!

»Ihr seid dagegen! Wogegen? Ihr seid dagegen und könnt nicht einmal erklären, warum!« Meine Stimme wird draußen auf dem Flur zu hören sein. »Ist es euch denn völlig egal, ob ihr eure Muttersprache beherrscht?«
Ich sehe in ihre Gesichter und weiß, es ist ihnen egal. »Überlegt also, wann ihr die Arbeit schreiben möchtet, mit der ihr eure Note verbessern könnt.«
In der Klasse hebt eine lautstarke Diskussion an, die sich, wenn ich nicht genau hinhörte, um den Termin dieser Klassenarbeit drehen könnte. Das ist jedoch mitnichten der Fall. In den Gesprächen geht es vielmehr darum, ob man in der nächsten Pause der Bäckerei oder dem Shop des Hausmeisters im Keller einen Besuch abstatten wird. Und warum Elke am Samstag in der Disco einen Typen dabeihatte, der nach Knoblauch stank, und Rita mal wieder schon um zehn nach Hause wollte. Die Beantwortung meiner Frage scheint jeder dem Rest der Klasse überlassen zu wollen.
»Ich habe euch gebeten, mir einen Termin für diese Arbeit vorzuschlagen!!«
Das Lärmen legt sich geringfügig. Einige sehen mich nun immerhin erwartungsvoll an, während die anderen unbeirrt weiterreden.
»Es ist euch also egal, wann die Arbeit geschrieben wird?«
»Nee!« wirft Mario über die Schulter zurück.
»Jetzt langt's mir!« Du lieber Himmel, ist das meine eigene Stimme, die da von der Tafel zurückprallt und mir schmerzhaft in die Ohren fährt? »Ich lege also einen Termin fest, der mir selbst am angenehmsten ist. Ich werde euch rechtzeitig davon in Kenntnis setzen.«
»Gemeinheit!« schreit Norbert, aber er hat Mühe, gegen den Lärm anzukommen, der nach meinem Entschluß

anhebt. »Bei anderen Paukern diskutieren wir immer über den Termin.«
»Das hätte ich auch gern getan!« brülle ich zurück. »Aber ihr seid dazu ja anscheinend nicht in der Lage! Ihr wollt über den Termin bestimmen, aber niemand hat Lust, sich Gedanken zu machen . . .«
Glücklicherweise läutet es zur Pause. Wer weiß, wozu ich mich noch hätte hinreißen lassen! Ich halte mich so lange mit der Klassenbucheintragung auf, bis alle den Raum verlassen haben. Und das dauert! Während sie zunächst das Klingelzeichen nicht erwarten können, brauchen sie dann die halbe Pause dazu, Geld für Getränke aus der Tasche zu kramen, eine Jacke zu holen und wieder zurückzuhängen, Zigaretten aus der Innentasche zu ziehen, nach Feuer zu schreien, den Nachbarn auf den Stuhl zurückzustoßen – »Hey, du Arsch!« –, nach Vergessenem zu rufen – »Schmeiß mal die Fluppen rüber« – und sich schließlich gegenseitig durch die Tür zu rempeln.
Mario bleibt neben mir stehen. »Was ist nun mit meinem Walkman? Er jault.«
Ich würdige ihn keines Blickes. »Wenn er jault, hat er schon vorher gejault.«
»Kein Stück! Der war echt top in Ordnung.«
»Mario!« Jetzt gelingt es mir, sehr langsam und sehr leise zu sprechen. »Du willst mir doch nicht weismachen, daß dein Walkman darunter gelitten hat, daß er aus deiner Tasche gefallen ist . . .«
»Claro!«
». . . und wenn, so war es deine eigene Schuld. Hättest du den Weg frei gemacht, wäre ich nicht an deine Tasche gestoßen.«
»Ich hatte ja keine Peilung . . .«

»Du bist nicht taub. Du kannst mich in diesem Augenblick ohne Schwierigkeiten verstehen. Also konntest du auch meine Hupe hören. Schließlich stand mein Wagen direkt hinter dir.« Und damit ist mein Potential an Gelassenheit und Nachsicht endgültig erschöpft. »Wenn du dich auf meine Kosten bereichern willst, bist du schief gewickelt, verstanden?«
Mario bedenkt mich mit einem vernichtenden Blick, sträubt sein zottiges Fell – aber er geht. Gott sei Dank! Ich lehne mich zurück und schließe für einen Moment die Augen. Was habe ich in dieser Unterrichtsstunde bewegt? Wo spannte sich der Ablaufbogen von der Entwurfsphase bis zur nachträglichen Analyse? Genaugenommen war dies nicht einmal eine Unterrichtsstunde. Ich habe wieder einmal 45 Minuten lang zu überleben versucht, habe mich zur Wehr gesetzt, mich und mein Fach verteidigt, Schlimmeres verhütet und ein paar erzieherische Versuche selbst im Keim erstickt. Es war keine Unterrichtung, es war nur die Moderation eines Gefechts. Und nun habe ich sogar gelogen und die Schüler hinters Licht geführt.
Die Luft ist stickig und verbraucht. Ich erhebe mich, um die Fenster zu öffnen. Es ist ja kein Wunder, wenn in dieser schlechten Luft die geistigen Aktivitäten im Nu erlahmen.
Als ich neben Franks Platz stehe, fährt die Zugluft ins Klassenzimmer, kaum daß ich einen Fensterflügel aufgeklappt habe. Mehrere beschriebene Blätter, die Frank sorgfältig aufeinandergelegt hat, flattern zu Boden. Als ich mich bücke, um sie wieder aufzusammeln, fällt mein Blick in Franks geöffnete Tasche. Was ist das, was da aus einem Seitenfach herausragt? Vorsichtig berühre ich den Schaft, friere für ein, zwei Sekunden unter der

Kälte des Metalls und den bösen Vorahnungen, die mich beschleichen. Warum trägt Frank ein Messer bei sich? Ein langes feststehendes Messer mit einer Klinge, die sich zuspitzt zu einer mordgierigen Waffe! Warum? Ich stelle mir Frank vor, diesen stillen, zurückhaltenden Jungen, der selten spricht, ohne gefragt zu sein, der von einer Ruhe ist, die auch Gleichgültigkeit sein könnte, und der jeden Blickkontakt meidet. Ein Junge, der sich sofort zurückzieht, wenn seine Person zum Gegenstand des Interesses zu werden droht, dessen Augen auf der Stelle den träumerischen Glanz verlieren, wenn er unvermittelt angesprochen wird. Schon oft habe ich zusehen können, wie sein Blick mühsam zurückfand in die Isolation, die er sich selbst auferlegt, sobald seine flache Aufmerksamkeit als Teilnahmslosigkeit entlarvt worden ist. Frank ist ein Junge, der mir im Laufe des letzten Schuljahres keinen Zentimeter näher gerückt ist, der keinen Zugang zu seinem Wesen ermöglicht und nichts getan hat, was mich gezwungen hätte, mich mit ihm auseinanderzusetzen. Und in diesem Augenblick wird mir klar, daß ich diese Tatsache viel zu bereitwillig akzeptiert habe, daß ich bei all den lauten, fordernden, bedrängenden Schüler froh über einen war, der keine Beachtung verlangte.
Warum trägt Frank ein Messer bei sich, wenn er zur Schule geht? Meine Augen wandern über seinen Tisch, versuchen, die Kritzeleien auf der Tischplatte zu entziffern, aber da gibt es nichts als die üblichen Schmierereien:
Null Bock auf Schule!
Ohne Moos nix los!
Auch ein Hippie muß mal Pippi!
Vielleicht nur ein dummer Zufall? Oder fühlt Frank sich

bedroht? Es widerstrebt mir, aber ich beginne in Franks Arbeitsunterlagen zu blättern. Ich bin mir meiner Indiskretion bewußt, kann aber meinen Drang, jetzt gleich und auf der Stelle mehr von Frank zu erfahren, nicht mäßigen.
Sein großer Schreibblock liegt zuunterst. Und aus der Hälfte der noch unbeschriebenen Seiten, die ich an meiner Daumenkuppe vorbeirascheln lasse, blitzt ein Blatt auf, das über und über mit Zeichen bedeckt ist. Fieberhaft blättere ich zurück, habe zunächst Mühe, die Seite wiederzufinden, aber dann liegen sie vor mir: Ungelenk gemalte, forsch hingeworfene, zackig zugespitzte Hakenkreuze! Der stille Frank, ein Messer und unzählige Hakenkreuze! Wie paßt das zusammen?
Ehe ich Antwort auf diese Frage finden kann, sagt eine Stimme: »Interessant?« Und, da ich unfähig zu reagieren bin: »Machen Sie das in jeder Pause?«
Damian! Wütend schichte ich Franks Blätter wieder übereinander und könnte an meinen zitternden Fingern verzweifeln. »Du hättest wahrscheinlich die herumfliegenden Blätter einfach liegen lassen?«
Sein Grinsen zeigt mir unmißverständlich, daß er mich durchschaut.
»Wo kommst du her?« frage ich ihn so ruhig wie möglich. »Wo warst du in der ersten Stunde?«
Damian zuckt die Schultern. »Es ist mir was dazwischengekommen.«
»Was?«
»Das ist privat.«
»Du willst mir also keine Entschuldigung für dein Zuspätkommen anbieten?«
Damian verdreht gelangweilt die Augen. »Erst mal habe ich verpennt . . .«

»Stimmt nicht. Du warst pünktlich auf dem Weg zur Schule.«
». . . und dann mußte ich noch was erledigen.«
»Ich möchte eine schriftliche Entschuldigung von deinen Eltern.«
»Meinetwegen.« Damian läßt seine Tasche neben die Tür fallen und wendet sich zum Gehen.
Ich halte ihn zurück. »Ich habe deine Eltern in die Sprechstunde bestellt. Ich hoffe, du hast es ihnen ausgerichtet.«
»Mein Vater kommt Mittwoch.«
»Ich habe meine Sprechstunde am Dienstag.«
»Mein Vater kann aber nur Mittwoch.«
»Also gut, dann sag ihm aber bitte, daß er pünktlich zur ersten Pause dasein soll.«
Damian antwortet nicht. Er steckt die Hände in die Taschen seiner Edeljeans und zieht pfeifend davon. Ich werfe noch einen Blick zurück auf Franks Arbeitsplatz. Wird Damian ihn unterrichten, daß ich in seinen Sachen geschnüffelt habe? Ich bin sicher, er wird diese Gelegenheit nicht auslassen. Vielleicht wird es klüger sein, Frank bei nächster Gelegenheit um ein Gespräch zu bitten? Dann könnte ich mich seinen Ängsten und Mutmaßungen so früh wie möglich entgegenstellen. Ich muß ihm begreiflich machen, daß ich ihn nicht strafen, sondern ihm helfen will. Ein wenig fürchte ich mich vor seinen undurchdringlichen, kompromißlosen Augen, trotzdem nehme ich mir vor, so bald wie möglich den Versuch zu wagen, näher zu ihm vorzudringen.
Daß Damian nicht geschwiegen hat, erfahre ich schon Minuten später, als ich eine Treppe hinunterlaufe, an deren Fuß ich unvermittelt auf Frank treffe. »Hallo, Frank.«

Zu dumm, daß ich noch nicht vorbereitet bin auf das, was ich ihm sagen will, und auf das, was ich von ihm erfahren möchte. Oder soll ich ihm besser jetzt gleich, so, wie mir die Gedanken durch den Kopf geistern, zu erklären versuchen, wie meine Befürchtungen aussehen und wie leicht er sie mir nehmen kann?
Während ich zögere, nimmt Frank mir schon die Entscheidung ab. Er weicht einen Schritt zur Seite, als brauche er die Wand zum Schutz, dann wirft er mir einen kurzen Blick zu und eilt, ohne ein Wort zu sagen, die Stufen hoch.
Ich fühle das Unbehagen wie einen körperlichen Angriff. Franks Blick hat jedes andere Gefühl durchstoßen: den Überdruß, den Frust, den Ärger, die Enttäuschungen. Ein Blick, der jede andere Empfindung dominiert. Eine frisch aufgebrochene Kälte lag darin und eine Entschlossenheit, die in ihrer Sprungbereitschaft den Haß nur notdürftig verdeckte.
Haßt Frank mich, weil ich etwas herausgefunden habe, was er verbergen will? Oder haßt er mich wegen meiner Indiskretion? Haßt er mich vielleicht sogar, weil ich seine Angst bloßlegte, die ihn zwingen wird, sich zu verteidigen? Übelkeit steigt in mir hoch. Wie soll ich unter diesem Haß mit ihm ins Gespräch kommen?
Kollege Stockerbaum wieselt mir entgegen. »... noch eben schnell etwas kopieren ... man will den armen Kindern ja helfen ... etwas mehr Anschaulichkeit ... gute Arbeitsblätter ... wenn Sie wollen, leihe ich sie Ihnen ...«
Die Tür zum Kopierraum gleitet ins Schloß und rutscht sofort wieder heraus, weil Herr Stockerbaum nichts mit besonderem Nachdruck tun kann. Seine Energie reicht nicht einmal für das sichere Schließen einer Tür, und ich

weiß, daß er mal wieder seine ungeliebten Arbeitsblätter vervielfältigt, weil er hofft, mit ihnen seine Pflicht zu tun, ohne die Konfrontation im Gespräch mit den Schülern zu riskieren.
Heute mache ich ihm keinen Mut. Werde ihn nicht bitten, mir seine Arbeitsblätter zur Verfügung zu stellen, mit denen er um seine Bedeutung kämpft. Mit Franks Blick im Nacken fühle ich mich genauso verfolgt wie Herr Stockerbaum.

Meine Kinder sehen es gleich. »Schlechte Laune?«
Ich schüttle unwillig den Kopf. »Was heißt hier ›schlechte Laune‹? Es gab mal wieder Ärger in der Schule.«
Meine Tochter Gesa läßt sich am Eßtisch nieder. »Bist du eigentlich beliebt?«
Gute Frage! Früher zählte ich zu den beliebten Lehrern – heute bin ich mir nicht mehr so sicher. »Wann ist ein Lehrer beliebt?« frage ich zurück, während ich die Koteletts wende.
Gesa zuckt die Achseln. »Wenn er lustig ist. Wenn er Spaß versteht. Und wenn er gute Noten gibt.«
»Aber er kann doch nur lustig sein, wenn ihr ihn nicht ärgert«, gebe ich zu bedenken, »und nur Spaß verstehen, wenn es wirklich um Spaß und nicht um häßliche Zoten geht. Und auch ein beliebter Lehrer wird gute Noten nur für gute Leistungen vergeben, oder?«
Mein Sohn hat den Verdacht, daß das Geplänkel zu einer dieser Grundsatzdiskussionen werden wird, die er nicht mag. »Ist das Essen endlich fertig? Ich sterbe vor Hunger.«
Das Essen ist in wenigen Minuten fertig, und Tobias stirbt auch nicht vor Hunger. »Sag mal, Tobi«, frage ich,

während ich mal wieder seinen unbändigen Appetit bestaune, »hast du in der Schule schon mal Neonazis erlebt?«
»Was ist das denn?« fragt Gesa, die erst dreizehn ist.
Tobias winkt ab. »Bei uns hat mal einer ›Heil Hitler‹ gebrüllt. Na, da war vielleicht was los!«
»Was war denn los?«
»Der Pfeifer hat ihm die Meinung gesagt.«
»Der beliebte?«
Tobias nickt. »Und das hat gereicht.«
»Was ist ›Hitler‹?« fragt Gesa.
Während Tobias seine Schwester im Schnellverfahren sowohl über die Tagespolitik als auch über die geschichtlichen Zusammenhänge aufklärt, denke ich darüber nach, ob es richtig gewesen wäre, Frank auch kurz und bündig die Meinung zu sagen. Aber eine innere Stimme sagt mir, daß es nicht ausgereicht hätte. Frank hat nicht ›Heil Hitler‹ gerufen. Sein Blick hat mir unumwunden erklärt, daß er nicht schreien muß, um gehört zu werden.

Dienstag

80% der Schüler gehen bewaffnet in den Unterricht

Über 80% der Schüler in allen Schulformen gehen bewaffnet zum Unterricht. Die Art der Waffen reicht vom Reizgas über Gaspistolen bis hin zu Baseball-Schlägern, Ninja-, Butterfly- oder Klappmessern, berichtete Kriminalhauptkommissar Reiner Grebert in Düsseldorf. Seine Befragungen und Untersuchungen, sagt Grebert, belegen, daß sich Schulkinder aufgrund zunehmender »diffuser Ängste« eher bewaffnen.
Mädchen suchten überwiegend Schutz durch Reizgas zur Selbstverteidigung.

Deutsche Lehrerzeitung

Ich lasse die Zeitung nachdenklich auf meinen Frühstücksteller sinken. 80 Prozent? Demnach müßten in einer Klasse von 30 Schülern durchschnittlich 24 bewaffnet in den Unterricht kommen. Wie ist es möglich, daß mir das bisher entgangen ist? Wie vieler dieser Zufälle hätte es bedurft, eine Waffe zu entdecken, wie ich sie bei Frank gefunden habe? Frank ist also kein Einzelfall! Frank gehört einer Mehrheit an.
Der Appetit ist mir vergangen. Frank, Norbert, Mario, vielleicht auch Elke und Denise – sie alle kommen aufgerüstet in die Schule? Undenkbar! Oder doch?
Wem wollen sie Schaden zufügen? Warum müssen sie sich verteidigen? Wovor haben sie Angst? Vor gewalttätigen Mitschülern? Natürlich – über die zunehmende Gewalt beklage ich mich seit langem. Aber immer habe ich damit die verbale Gewalt gemeint. Vielleicht ist sie die einzige, zu deren Zeuge ich werde? Werden darf, weil sie mich nicht zum sofortigen Einschreiten zwingt? Physische Roheiten müßten auf der Stelle unterbunden werden, hätten auch Konsequenzen zur Folge, während die verbale Gewalt im allgemeinen nur mit Ermahnungen bedacht wird. Aber vielleicht hat sie eine Stellvertreterposition?
Auf dem Treppenabsatz im Obergeschoß entbrennt ein wütender Streit. Tobias hat seiner kleinen Schwester offensichtlich die kunstvolle Frisur verdorben, indem er eine ihrer vielen bunten Haarspangen aus dem eingeflochtenen Seitenhaar gezogen hat.
Gesa schreit wie am Spieß. »Mistkerl! Blödmann! Arschloch!«
Und Tobias lacht. Es ist das typische Lachen des Überlegenen, voll der Häme, die entsteht, wenn man weiß, daß jede Reaktion des schwächeren Gegners wirkungs-

los verpuffen wird. – Es sei denn, es stellt sich ein Stärkerer an seine Seite.
»Tobi! Was du tust, ist gemein!« Auf meiner Untertasse schwappt prompt ein Kaffeetümpel.
»Du hast doch gar nicht gesehen, was ich getan habe.«
»Ich habe es gehört. Du hast Gesa eine Spange aus dem Haar gezogen.«
»Aber sie hat mich angerempelt.«
»Versehentlich!« schreit Gesa.
»War gar nicht versehentlich. War volle Absicht.«
Mein Mann erscheint verstört in der Küche. »Was ist los? Warum schreist du so?«
»Ich schreie nicht. Ich will nur erreichen . . .«
Auf dem Treppenabsatz fliegen noch ein paar erregte unverständliche Silben hin und her, dann ein Poltern auf der Treppe, Tornisterschnallen klirren im Geländer, wütendes Zischen. Ich springe auf und stürze in die Diele. »Seid ihr wahnsinnig geworden? Ihr könnt euch doch nicht die Treppe hinunterboxen! Wie leicht könnte sich einer von euch ernsthaft verletzen!«
Wie eine kleine geschlossene Front stehen Tobias und Gesa nebeneinander und demonstrieren urplötzlich Einigkeit.
»So ein bißchen Rempeln!«
»Wir haben gar nicht geboxt.«
»Du übertreibst mal wieder fürchterlich.«
Mein Mann verläßt die Küche wieder. »Ich frühstücke erst, wenn du aus dem Hause bist. Ist ja schrecklich, wenn der Familienkrieg schon am frühen Morgen beginnt.«
Aha, demnach bin ich mal wieder an allem schuld. Vermutlich wäre ich aber auch die Schuldige gewesen, wenn eins der Kinder die Treppe heruntergefallen wäre und sich verletzt hätte.

Irritiert blicke ich in ihre heiteren Gesichter und sehe, wie sie einander zublinzeln und sich genießerisch gegen ihre Mutter verbünden.
Ich fühle mich alleingelassen, ausgegrenzt. Mein Mann hat mich zurückgewiesen, weil ihn meine laute Stimme und mein Ärger verdrossen haben. Die Kinder haben meine Sorge um sie als unerwünschte Einmischung abgetan. Wahrscheinlich habe ich mal wieder mit den Augen, den Ohren, der Erfahrung eines Erwachsenen meine Kinder falsch verstanden. Die Gewalt auf der Treppe war nichts als ein unbedeutender Kräftevergleich, ein Spiel, in dem mit Gewalt und Vorherrschaft gewürfelt wurde. Und ich habe durch mein Intervenieren versucht, einen Sieger und einen Verlierer zu bestimmen, obwohl die Kinder ein Unentschieden wollten.
Vielleicht würfelt ja auch Frank nur um eine Sechs? Vielleicht geht es nur um ein Spiel, das keine Verlierer haben soll? Ich versuche, es mir in dieser Ausflucht gemütlich zu machen, aber ich merke schon beim ersten Schritt in den Rückzug, daß ich mir etwas vormache. Meine Argumente sind nicht gut genug, um meine Bequemlichkeit zu überzeugen. Frank spielt nicht. Ich denke an seine Augen auf der Treppe der Schule und weiß, daß er es ernst meint. Die Frage ist nur noch, ob er das Messer bei sich führt, um sich zu verteidigen, oder ob er zu den Angreifern gehört. Aber die Angst, die mich in diesem Augenblick warnt, sagt mir, daß ich auch die Antwort auf diese Frage längst gefunden habe. Frank ist kein Opfer, Frank ist ein Täter.
»Schmeiß mal die Marmelade rüber«, sagt Tobias.
Nachdem dieser Tag, kaum begonnen, schon mit so vielen Emotionen, Eindrücken und Folgerungen belastet

ist, reagiere ich ungnädig. »Sollte das eine Bitte sein?« frage ich herausfordernd zurück.
Natürlich weiß Tobias sofort, worum es geht. »Okay, okay, würdest du mir bitte die Marmelade reichen?«
Ich strecke sie ihm entgegen, keineswegs versöhnt, sondern zusätzlich verärgert über seinen herablassenden Ton.
»Sagt mal!« Mit einem kurzen Blick schließe ich Gesa in meine Frage ein. »Wie ist das eigentlich bei euch in der Schule? Fordert ihr von euren Lehrern, anstatt zu bitten? Bedankt ihr euch, wenn ihr etwas erhalten habt? Geht ihr höflich mit euren Mitschülern um?«
Tobias verdreht die Augen zur Decke. »Das ist nur was für Schleimer. Johannes ist so einer. Der steht immer kerzengerade vor dem Pauker und macht ›bittebitte‹.«
Die Kinder haben es plötzlich eilig. Es zieht sie aus dem Haus, zur Schule, weg von dieser unbequemen Mutter. Mein Mann erscheint, während ich den Mantel überziehe, und verpaßt mir einen erleichterten Abschiedskuß. Es ist nicht zu übersehen, daß auch er froh ist, von seiner unbequemen Frau erlöst zu werden.
Wenn jetzt noch Damian mit seiner aggressiven Lichthupe versucht, mich auf dem Weg zur Schule zu geißeln, mache ich kehrt und lege mich krank ins Bett!
Aber Damians BMW steht schon auf dem Parkstreifen vor der langen Mauer, die den Schulhof von der Straße trennt. Und er muß sogar schon länger dort stehen, denn die Parkmöglichkeiten in der Nähe der Schule sind längst erschöpft. Ein Motorradhelm, der mitten vor der Einfahrt zum Lehrerparkplatz liegt, wird von seinem Besitzer ohne besondere Aufforderung zur Seite geräumt. – Meine Gemütsverfassung kehrt auf leichten

Schwingen zurück auf das weite, von frischem Unkraut durchwucherte Feld meiner Zufriedenheit. Ich sollte mich ans Jäten machen. Noch ist die Erde feucht genug und das Kraut noch nicht zu tief verwurzelt.
Ich bin spät dran. Während ich aus dem Auto steige, gellt schon das erste Klingelzeichen über den Schulhof. Die Anziehungskraft der drei großen Türen setzt ein, und gemächlich formieren sich die zahllosen Gruppen zu gedehnten Spitzen, die sich schließlich in drei dichten Trauben vor den Eingängen stauen. Es gelingt mir nicht mehr, mich durch den lückenhaft einsetzenden Aufmarsch zu winden, um vor der dichten Masse das Treppenhaus zu erreichen – ich bleibe im undurchlässigen Gewühl stecken und bin gezwungen, mich langsam, Schritt für Schritt, ins Schulgebäude hineinzudrücken. Auf den ersten Treppenstufen beginnt schon das Stoßen und Zerren.
»Zieh Leine, Penner!«
»Nimm deine Latschen von meinen Bikes!«
Ein Mädchen kreischt: »Der ist mir an die Titten gegangen!«
Zustimmendes Gejohle belohnt den tolldreisten Helden. Und das entrüstete Kreischen der Mädchen deckt auf, daß man sich des zweifelhaften Kompliments durchaus bewußt ist.
Im Gesicht einer Schülerin neben mir, die trotz der aufwendigen krausen Dauerwelle und des hochtoupierten Ponys augenscheinlich zur Gemeinschaft der Mauerblümchen gehört, liefern sich Empörung und Neid ein heroisches Gefecht. Wer den Sieg davonträgt, bleibt mir jedoch verborgen. Denn irgendwo auf dem ersten Treppenabsatz, vielleicht schon im Gang des Erdgeschosses, entsteht ein anderer Tumult, ein neuer, fremder, mit

einem anderen Gesicht und einer anderen Sprache. Zunächst spüre ich es nur, fühle, wie die Bewegung ins Stocken gerät, ahne die zitternde Unruhe vor mir, die kantigen Reaktionen. Dann ein auflodederndes Stimmengewirr und schließlich übereinstimmende Stille.
Und nun kann ich es hören: »Ausländersau!« Und wieder: »Ausländersau!« Mindestens sechs-, siebenmal muß dieses Wort gefallen sein: »Ausländersau!«
Ich schiebe die Schüler zur Seite, bahne mir gewaltsam eine Gasse, dränge mich rücksichtslos hindurch und finde mich unversehens auf einer kleinen Plattform wieder. Um Frank und Belgin, die türkische Schülerin aus der Parallelklasse, hat sich im Abstand von wenigen Metern, den die Zeugen des Schauspiels bereitwillig abgetreten haben, ein Ring gebildet. Belgin, ein hübsches Mädchen, das nur durch tiefschwarzes Haar und dunkle Augen seine Abstammung verrät, scheint gegen den Wunsch zu fliehen anzukämpfen. Einige andere türkische Mitschülerinnen, die unter einem tief in die Stirn gezogenen Kopftuch zur Schule kommen und deren Verhalten deutlich von Unterdrückung und Bevormundung gezeichnet ist, hätten sich an ihrer Stelle entweder geduckt oder nach einem Fluchtweg gesucht. Nicht so Belgin, die in Deutschland geboren und aufgewachsen ist, eine liberalere Erziehung genießt und denkt, fühlt und handelt wie ihre deutschen Freundinnen. Sie hat Angst, aber sie ist nicht bereit, dieser Angst nachzugeben. Sie ist stolz, aber die Angst hindert sie dennoch, sich gegen Frank mit Nachdruck zur Wehr zu setzen. Flehentlich blickt sie in die Runde, wartet auf Hilfe, entzieht sich ihrem Angreifer nur so weit, daß es nicht wie Flucht aussieht. Sie will diesem Feind trotzen, und als er seinen Ellbogen in ihre

Seite drückt, antwortet sie mit einem Stoß ihrer rechten Schulter. Und da hat Frank endlich den Grund gefunden, den er braucht. Wütend macht er einen Schritt auf Belgin zu...

»Frank!« Endlich habe ich auch die letzten Schüler zur Seite gedrängt und stelle mich vor Belgin. »Warum tust du das?«

»Was geht Sie das an?« Frank hat nichts mehr mit dem Jungen gemein, der er war, bevor ich in seiner Tasche ein Messer entdeckte.

Ich berühre Belgins Arm. »Am besten, du gehst in deine Klasse.«

Belgin nickt, wendet sich ab und ist auf der Stelle wieder Teil der Mädchenclique, aus der Frank sie ausgesondert hatte.

»Komm mit!« Ich winke Frank mit dem Kopf zum Elternsprechzimmer.

Er sieht sich um, als fiele es ihm schwer, sein Auditorium zu verlassen. Erst als die Mehrheit sich gleichmütig abwendet und ihm klar wird, daß das Interesse an seiner Person nicht nachhaltig ist, folgt er mir.

Während ich den passenden Schlüssel suche, die Tür entriegle, sie öffne und hinter uns wieder schließe, während ich die Vorhänge aufziehe, umständlich einen Stuhl unter der Tischplatte wegzerre und eine Nackenrolle von der Couch raffe, auf der Frank Platz nehmen soll, rasen meine Gedanken.

Wie hätte A. S. Neill in Summerhill auf Gewalt reagiert? Wie hätte seine Theorie und wie hätte vor allem seine Praxis der antiautoritären Erziehung ausgesehen, wenn jemals ein Jugendlicher wie Frank unter seinen Zöglingen aufgetaucht wäre? Professor Buchheim war ein Anhänger aller Neillschen Theorien, die in der Summerhillschule in die Tat umgesetzt wurden. Grausamkeit ist pervertierte Liebe, sagte er einmal, also ist Sadismus pervertierte Sexualität. Ein grausamer Mensch kann nicht geben, denn Geben ist ein Akt der Liebe. Da es keinen Grausamkeitsinstinkt gibt, ist Grausamkeit auf Motive zurückzuführen, die größtenteils unbewußt sind. Das Ziel der Grausamkeit muß demnach stellvertretend für ein ganz anderes herhalten.

»Warum bist du so grausam, Frank?«

Frank lacht ein unangenehmes Lachen. Eins, das Stärke demonstrieren soll, aber brutal und feige ist. »Ich sage nur, was Sache ist. Andere trauen sich ja nicht.«

Freie, glückliche Kinder sind nicht grausam, behauptete Neill. Kindliche Grausamkeit ist nur eine Folge jener Grausamkeit, mit der Erwachsene die Kinder behandelt haben. Wer geschlagen wird, wünscht sich, selbst jemanden zu schlagen. Und dafür braucht man einen Schwächeren.

»Andere trauen sich nicht?« frage ich ungläubig. »Glaubst du wirklich, daß viele so wie du den Wunsch haben, andere zu demütigen?«

»Nicht andere«, sagt Frank, »nur die, die sich in unserem Land breitmachen und auf unsere Kosten leben.«

»Belgin lebt nicht auf unsere Kosten. Und schon gar nicht auf deine.«

»Natürlich tut sie das. Sie ist Türkin, also gehört sie nicht hierher. Sie gehört in die Türkei.«

»Ihre Eltern sind von uns ins Land geholt worden, weil wir sie brauchten. Ohne diese Gastarbeiter wäre der wirtschaftliche Aufschwung unmöglich gewesen. Schließlich lebst auch du von der Ernte, die damals gesät wurde.«

»Ich weiß von keiner Saat«, stößt Frank trotzig hervor.

»Und meine Eltern wissen nichts von einer Ernte. Mein Vater ist arbeitslos und meine Mutter auch. Aber Belgins Vater, der hat Arbeit. Ginge er zurück in die Türkei, könnte mein Vater seine Arbeitsstelle bekommen. Und meine Mutter kriegte den Putzjob von Belgins Mutter.«
»Und du würdest nach einem anderen Opfer suchen?« fahre ich hoch. »Du mußt doch wissen, wie dumm das ist, was du sagst. Geht es dir in Wahrheit nicht nur darum, dich aufzuspielen als Stärkerer? Brauchst du nicht eigentlich nur einen Schuldigen für die Unerfüllbarkeit deiner Wünsche? Wäre dir nicht jeder recht, der schwächer ist? Wenn nun alle Ausländer unser Land verließen, müßte dann nicht ein anderer der Sündenbock sein? Vielleicht die ... die Briefträger!? Sie sind zweifellos eine Minderheit, und jeder von uns hat sich schon einmal über die eine oder andere unzuverlässige Briefzustellung geärgert. Außerdem werden Briefträger regelmäßig und anscheinend völlig grundlos von Hunden angegriffen. Aber haben Hunde nicht einen ausgeprägten Instinkt? Also muß doch etwas dran sein an ihrer Abneigung gegen alle Postboten! Machen wir dann Jagd auf Briefträger, hey?«
Professor Buchheim, ich schaffe es nicht mehr. Ich weiß, ein Kind wird weder gut noch böse, nur mit der Neigung zum Gutsein oder zur Kriminalität geboren. Und wenn sich die Waage zur falschen Richtung neigt, so ist die Ursache dafür ein Mangel an Liebe. Aber was kann Belgin dafür, daß Franks Eltern arbeitslos sind? Ich schaffe es einfach nicht mehr, in diesen gräßlichen Kindern die bedauernswerte, verwahrloste Kreatur zu lieben und ihr zu verzeihen.
»Du bist ein Schwein, nichts als ein dreckiges kleines Schwein, weißt du das?«

»Und Sie sind eine miese Schnüfflerin«, entgegnet Frank und erhebt sich ruhig.
Eigentlich bin ich froh, daß es nun heraus ist. Und daß Frank es jetzt fertigbringt, sich in seine Indolenz zurückzuziehen, fordert mir sogar einige Bewunderung ab.
»Ich habe mich für dich und deine Probleme interessiert«, versuche ich es noch einmal. »Nur deshalb . . .«
»Ich habe keine Probleme«, erwidert Frank, »außer mit schnüffelnden Lehrern und unverschämten Türkinnen. Aber diese Probleme werden sich lösen lassen.«
»Lösen?« Mir fällt bei dieser Vokabel nichts anderes als »Endlösung« ein, und ich beginne zu brüllen. »Auf deine Weise? Willst du vielleicht aus deiner Feigheit noch eine gesellschaftliche Tugend machen? Du bist nichts anderes als ein mieser kleiner Versager, wenn du versuchst, mit feiger Gewalt deinen Geltungsdrang zu befriedigen. Deine Motive sind nichts als eigensüchtig. Von Politik hast du doch keine Ahnung. Ein verirrter Einzelgänger bist du, der nun plötzlich glaubt, er müsse nur auf einen fahrenden Zug aufspringen, um mit ihm das Ziel zu erreichen, das du allein nie finden könntest. Wie nennst du diesen Zug? Und wie dein Ziel? Sag schon!« Ich stehe jetzt dicht vor Frank und bezähme mich mit Mühe, ihn bei den Schultern zu packen und zu rütteln.
»Ist es das Nazitum? Der Rechtsradikalismus? Oder hast du ihn vielleicht sogar Gesinnungsgemeinschaft oder politischen Widerstand getauft?«
»Widerstand ist nötig!« schreit Frank jetzt zurück. »In Deutschland ist jahrelang systematisch das Recht gebrochen worden. Milliarden an Steuergeldern sind verschwendet worden für Asylanten und Flüchtlinge, die

keinen Anspruch darauf hatten. Und kein Politiker hat für ein Ende dieser Überflutung gesorgt!«
Er steht an der Tür und drückt die Klinke herunter. »Aber das wird bald vorbei sein«, ergänzt er. »Warten Sie es nur ab.«
Die Tür fällt ins Schloß, an der einsetzenden Stille merke ich erst, wie laut Frank gesprochen hat. Was mir jedoch immer noch in den Ohren dröhnt, ist nicht seine Stimme, nein, es sind die Worte, die er mir entgegengeschleudert hat. Das waren keine Sätze, die sich in Franks Kopf formiert haben, das ist eine Ideologie, die man ihm eingetrichtert hat.
Erschöpft lasse ich mich auf den Stuhl zurücksinken. Demnach ist Frank kein Einzelgänger! Kein verwirrter Jugendlicher, der einen Schuldigen für das sucht, was er vermißt. Ich lasse meinen Kopf auf die Tischplatte sinken. Ich schaffe das nicht mehr, Professor Buchheim! Die Liebe und das Verständnis, die alles Schlechte im Kind besiegen, habe ich nicht mehr in mir. Und die Geduld, die irgendwann die Türen öffnet zu den Herzen auch der Aufsässigsten, habe ich auch verloren. Ein Kind wie Frank kann ich nicht lieben, und ich verstehe ihn nicht. Die Geduld, ja, die Geduld hätte ich aufbringen können – schließlich wollte ich ihm ja helfen –, aber auch da habe ich versagt. Von Jahr zu Jahr fällt mir diese Geduld schwerer, denn von Jahr zu Jahr wird sie mehr auf die Probe gestellt. Ich weiß genau, daß ich im nächsten Jahr noch weniger langmütig sein kann als in diesem.
Im Lehrerzimmer herrscht Aufruhr. Der Schulleiter hat bereits einmal mahnend in die Runde gesehen und einen langen Blick auf die große Uhr geworfen, aber nachdem er sich wieder in sein Büro zurückgezogen

hatte, hat einer nach dem anderen seine Sitzfläche wieder niedergelassen, die er in Bekundung seiner besten Absichten angehoben hatte.
Als ich das Lehrerzimmer betrete, stürzt sich die Kollegenschaft wie eine Meute auf mich.
»Was ist geschehen?«
»Man hat Sie ja bis hierher schreien hören.«
»Und der Frank! Warum hat der so gebrüllt?«
»Stimmt es, was er sagt?«
Ich sehe Dr. Bang fragend an. »Was sagt er denn?«
»Sie hätten in seinen Sachen geschnüffelt und etwas gefunden, was Ihnen nicht gefiel.« Dr. Bang gestattet sich ein anzügliches Lächeln. »Pornos, nicht wahr?«
Wahrend ich auf dem kurzen Weg hierher mit dem Würgen in meiner Kehle gekämpft habe, bringt mich diese Frage zurück an die Grenze zwischen Weinen und Lachen. Aber an dieser Demarkationslinie nistet bei mir der Jähzorn.
»Pornos?« zische ich ihn aufgebracht an. »Glauben Sie, über derartiges würde ich mich aufregen? Hakenkreuze habe ich gefunden. Hakenkreuze!«
»Hakenkreuze?« stammelt Dr. Bang. »Keine Pornos?«
Wie er dasteht, mit seinem Bild von den bösen Dingen dieser Welt, die in seiner Phantasie nicht über ein Pornoheft hinausgehen, versöhnt er mich wieder, und ich bin bereit, die Geschichte zu erzählen, die ich mit Frank erlebt habe.
»Das geht zu weit!« Dr. Bang ist entschlossen, das Böse nicht länger auf ein schmuddeliges Pornoheft zu reduzieren. Kampfeslustig erhebt er sich. »Ich werde mir den Jungen vornehmen.«
Am liebsten hätte ich ihn zurückgehalten. Zwar kenne ich Dr. Bang als gerechten, unverdrossen engagierten

Lehrer, aber ich weiß auch, daß sich sein Eifer mittlerweile von den Schülern weg auf nichts als das Pensum konzentriert. Er beherrscht seinen Stoff wie kein anderer, bildet sich ständig fort, erneuert und aktualisiert seine Arbeitsunterlagen unermüdlich, doch oft genug habe ich den Eindruck, daß er damit vor allem sein Gewissen beruhigt. Er ist gern Lehrer geworden und voller Begeisterung Lehrer gewesen – wie soll er auch mit der Erkenntnis fertig werden, daß die heutige Schülergeneration an seinen Fähigkeiten nicht mehr interessiert ist? Daß er Tag für Tag die berühmten Perlen vor die berüchtigten Säue wirft? Dr. Bang verkraftet diesen Umstand, indem er sich auf nichts als die Perlen konzentriert, die immer strahlender, kostbarer, teurer werden. Er zieht planmäßig den Stoff durch, denn er ist ein pflichtbewußter Mann, und kümmert sich nicht mehr darum, was die Schüler damit machen, weil er sich nur so vor den täglichen Enttäuschungen bewahren kann. Ist er der richtige Gesprächspartner für Frank, der geeignete Mittler zwischen Schule und Schüler, zwischen Gesellschaft und Anarchie?
Dr. Bang ist schon hinausgelaufen, ehe ich meine Zweifel anbringen kann. Und mich beschleicht nun zusätzlich zu meiner Verzagtheit das unangenehme Gefühl, eine Hilfe zu erhalten, für die ich mich vielleicht einmal zu rechtfertigen habe, gegen die ich mich unter Umständen sogar verteidigen muß.
Und ich fühle mich in meinen Ahnungen bestätigt, als Dr. Bang Frank hereinführt wie ein Gefängnisaufseher einen Delinquenten. An diesem Eindruck können auch Dr. Bangs beschwichtigende Worte nichts ändern:
»Ich kenne dich nun schon so lange, Frank. Wir werden ein ruhiges Gespräch miteinander führen und dann

sicherlich manches klären können, was jetzt niemand von uns versteht.«
Ich bezweifle, daß Dr. Bang mehr von Frank kennt als seinen Namen und seine Physiognomie. Mit Sicherheit kennt er nicht das Gesicht, das Frank erst seit gestern trägt und nicht wieder zurückgenommen hat. Frank wollte sich nicht demaskieren, vielleicht, weil er sich weder seiner Maske noch seines neuen Mienenspiels sicher war. Frank suchte noch nach einem Erscheinungsbild, und ich habe ihn durch meine Entdeckung gezwungen, sich vorschnell für eine Haltung zu entscheiden. Für mein Leben gern würde ich meinen Kopf wieder in den Sand bohren und alles ungeschehen machen.
Dr. Bang hat sich mit Frank ins Raucherlehrerzimmer zurückgezogen, in dem sich zu diesem Augenblick niemand aufhält. Alle anderen sitzen mit mir um den großen Tisch herum und warten auf das Ergebnis der Unterredung. Nur Herr Hattkämper ist hinausgelaufen, um die Klassenzimmertüren zu öffnen, die Schüler über den verzögerten Unterrichtsbeginn zu informieren und sie um Ruhe zu bitten, was natürlich ein nutzloses Unterfangen ist. Dennoch hoffen wir alle, daß in der nächsten Viertelstunde wenigstens die Türen geschlossen bleiben werden, der Lärm sich in Grenzen halten möge und kein Schüler diese Gelegenheit nutzt, das Klassenbuch als Waffe zweckzuentfremden.
Die anfänglich leisen Stimmen verändern sich. Die Tür zum Raucherlehrerzimmer ist dick genug, um Silben und Wörter zu verschlucken, aber die Gesprächsstimmung dringt durch sie hindurch. Dr. Bangs Baß beginnt zu dröhnen, Franks helle Stimme wird spitz und aggressiv. Dann das Poltern eines umgestoßenen Stuhls, das

zerfetzte Gewirr der beiden Stimmen, so schwankend, als behindere eine körperliche Auseinandersetzung den Redefluß!

Und nun das Klatschen von Ohrfeigen! Wütendes Geschrei sowohl von Dr. Bang als auch von Frank, und noch einmal das Klatschen!

»Mein Gott«, flüstert Herr Hattkämper, »wie kann er sich dazu hinreißen lassen!«

»Frank wird ihn bis aufs Blut gereizt haben«, flüstert Frau Rubenbauer zurück. »Er würde sonst niemals einen Schüler schlagen.«

»Wir müssen die Ohren verschließen«, sage ich schnell. »Keiner von uns hat etwas gesehen oder gehört. Die beiden sind allein. Frank wird nicht beweisen können, daß er von einem Lehrer geschlagen worden ist.«

Im Nu sind wir zusammengerottet zu einer verschworenen Gemeinschaft. Keiner von uns billigt körperliche Gewalt, nicht einer würde den tätlichen Angriff eines Lehrers auf einen Schüler tolerieren, und niemand sieht in der Prügelstrafe ein geeignetes Disziplinierungsmittel – aber in diesem Fall sind wir uns einig. Wenn Dr. Bang zu einer Ohrfeige hingerissen wurde, muß Frank etwas Ungeheuerliches gesagt oder getan haben. Und während dem Jungen keinerlei ernstzunehmende Konsequenzen drohen, könnte diese Affekthandlung für Dr. Bang verheerende Folgen haben.

»Wir haben nichts gehört«, wiederhole ich.

Während sich die Türklinke nach unten bewegt, macht sich Herr Stockerbaum Mut. »Irgendwie muß man sich schließlich gegen diese jungen Rabauken wehren. Mit Fairneß ist gegen sie ja nicht anzukommen.«

Frank durchquert das Lehrerzimmer, ohne uns eines Blickes zu würdigen. Hoch aufgerichtet, das Kinn nach

vorn gereckt. Ein verzweifelter Stolz? Einer, der sich nach einer soeben erlittenen Niederlage wieder gestrafft hat und dabei so hitzig in die Höhe geschnellt ist, daß er in die Nähe der Lächerlichkeit geriet? Ich sehe noch, wie Frank die Hacken zusammenschlägt, während er die Tür von außen ins Schloß drückt – und begreife plötzlich die Starre seiner aufrechten Haltung.
Erschrocken springe ich auf und laufe ins Nebenzimmer. Dr. Bang kauert auf einem Stuhl und hält sich die rechte Gesichtshälfte. Erst nach längerem Zureden ist er bereit, die ihm angetane Schmach aufzudecken. Unter seiner Hand prangt ein brennend roter Abdruck, der in seinem Zentrum schon jetzt leicht angeschwollen ist und Dr. Bang ganz widersinnig ein gesundes, blühendes Aussehen verleiht.
In seinen Augen jedoch schwimmt unverkennbar das Leiden des hilflosen Kranken. »Ich spiele nicht mehr mit«, keucht er, »soll doch jemand anders diese ... diese Kinder ... nein, ohne mich.«
Herr Stockerbaum öffnet den Mund, als wollte er Dr. Bang daran erinnern, daß sein Pensionsalter erst in rund zehn Jahren erreicht sei, aber er kommt glücklicherweise nicht dazu, es auszusprechen.
Ausgerechnet in diesem Moment wird unser Schulleiter auf die Pflichtvergessenheit seines Lehrerkollegiums aufmerksam. Wutschnaubend steht er in der Tür. »In den Fluren findet eine muntere Schnitzeljagd statt, in den Toiletten sieht man vor lauter Zigarettenqualm die Kloschüsseln nicht mehr – und die Damen und Herren Kollegen feiern währenddessen eine fröhliche Freistunde?«
Es bleibt uns nichts anderes übrig, als Tucker in unsere Probleme einzuweihen, was keiner gern tut, weil uns

seine unerwünschten Einmischungen allzu vertraut sind. Aber diesmal bleibt uns nichts anderes übrig, wenn wir den verspäteten Unterrichtsbeginn erklären wollen. Und das wollen wir natürlich.
Ein Hinweis auf Dr. Bangs geschwollene Gesichtshälfte reicht dann auch aus, Tucker in jähe Bestürzung zu versetzen, die einer Generalabsolution gleichkommt. Während er sich berichten läßt, was sich zugetragen hat, wächst seine Autorität vor unseren Augen zu einer beachtlichen Größe heran. Sein Brustkorb strafft sich, füllt sich mit ganzen Massen empört eingeschnaufter Atemluft, das erregte Wippen seiner Zehenspitzen läßt ihn um mindestens drei Zentimeter wachsen.
»Wir werden gegen Frank in aller Strenge vorgehen«, verkündet Tucker. »Derartiges Fehlverhalten läßt keine großzügige Auslegung der gesetzlichen Bestimmungen zu. Ich werde die Möglichkeiten der ASchO voll ausschöpfen.«
Tucker genießt die bewundernden Blicke der Kollegen, während ich in Gedanken die ASchO durchblättere, wo Ordnungsmaßnahmen angeführt werden, über die Frank vermutlich nur lachen wird. Seit Norbert zu meinen Schülern gehört, der die ASchO besser kennt als jedes Lehrbuch, bin ich schließlich gezwungen, mich mehr mit der Allgemeinen Schulordnung zu befassen, als mir lieb ist.
»Also«, beginnt Tucker feierlich und wippt noch ein paarmal auf und ab. »Wir werden schleunigst eine Klassenkonferenz einberufen, die Frank einen schriftlichen Verweis erteilt, der seinen Eltern zugestellt wird.«
Er bedenkt mich mit einem unangenehm langen Blick.
»Dann werden wir eine Lehrerkonferenz einberufen, in der wir darüber entscheiden, Frank in eine Parallel-

klasse zu versetzen, da damit gerechnet werden muß, daß . . .«, er räuspert sich und schenkt mir einen weiteren eindringlichen Blick, ». . . daß die Leiterin der Klasse, in der Frank bis jetzt unterricht wurde, durch ihr aufbrausendes, cholerisches Temperament bei einem so schwierigen Jungen in Zukunft weiteren Schaden anrichten wird.«

Am liebsten würde ich ihm den Hals umdrehen. Daß ich es unterlasse, liegt nur daran, daß ich sehr erleichtert bin, Frank zukünftig nicht mehr zu meinen Schülern zählen zu müssen. Die Gesichter der Kollegen spiegeln hingegen andere Empfindungen wider. Jeder von ihnen überlegt fieberhaft, ob etwa die eigene Klasse für die Neuaufnahme in Frage kommt.

»Außerdem«, fährt Tucker fort, »sollte die Klassenkonferenz beschließen, Frank für – na, sagen wir – eine Woche vom Unterricht auszuschließen, um wieder Ruhe in den Schulalltag einkehren zu lassen. Da die ASchO den Schulleiter ermächtigt, in dringenden Fällen vorab diesen Entschluß durchzusetzen, werde ich gleich höchstpersönlich den Schüler davon in Kenntnis setzen.«

Er sieht sich beifallheischend um. »Das ist – zugegeben – ein besonders hartes Durchgreifen und das äußerste, was die ASchO fürs erste zuläßt, aber, ich glaube, daß wir es hier mit einem so schwerwiegenden Fall zu tun haben, daß diese drakonischen Maßnahmen vertretbar sind. Auf keinen Fall können wir es zulassen, daß rassistische Unruhen in unser Haus getragen werden, daß ausländische Mitschülerinnen attackiert und beleidigt werden und nun sogar ein Lehrer unserer Schule tätlich angegriffen wird.«

Energiegeladen verläßt Tucker das Lehrerzimmer, um

Frank zu suchen und ihn von seiner Entscheidung zu unterrichten.
»Donnerwetter!« sagt die junge Referendarin. »Das nenne ich entschiedenes Einschreiten.«
Die anderen nicken beeindruckt. Doch so ganz kann ich mich ihrem Enthusiasmus noch nicht anschließen. »Er hat recht, wenn er sagt, daß er die Möglichkeiten, die die ASchO zuläßt, ausgeschöpft hat, aber was wird das schon bewirken? Über den schriftlichen Verweis wird Frank nur lachen. Und seine Eltern? Die werden ihn möglicherweise gar nicht zur Kenntnis nehmen oder gar noch stolz auf ihren Sprößling sein. Die Versetzung in die Parallelklasse wird Frank nicht kümmern, und daß er eine Woche nicht zur Schule kommen darf, wird ihn entzücken. Was soll's also?« Ich nicke in die Runde. »Herzliches Beileid dem Kollegen, der in Zukunft die Basisarbeit leisten muß. Da wird noch einiges auf uns zukommen, wenn mein Gefühl richtig ist. Und mein Gefühl sagt mir, daß hier eine Lawine losgetreten worden ist.«
»Vielleicht haben seine Eltern ja doch noch Einfluß auf ihn«, meint Herr Stockerbaum kläglich. »Man sollte mit ihnen reden.«
»Man?« fragt Frau Sternberg stirnrunzelnd.
Ich entschließe mich sofort. »Ja, das werde ich tun. Gleich heute. Immerhin bin ich es gewesen, die die Lawine gelöst hat. Nach der ASchO muß den Eltern ohnehin Gelegenheit gegeben werden, sich zu der Ordnungsmaßnahme zu äußern. Das können sie tun, wenn ich sie besuche. Es interessiert mich, diese Menschen kennenzulernen.«
Frau Sternberg atmet erleichtert auf. »Eine gute Idee, wirklich. Andererseits – es wird doch alles nicht so

heiß gegessen, wie es gekocht wird, oder? Vielleicht wäre es das beste, die ganze Angelegenheit einfach zu ignorieren. Warum machen wir uns unseren Beruf so schwer? Alles ist viel müheloser, wenn man bereit ist, die Anforderungen an sich und die Schüler zu senken. Übersehen, was einen stört, freundlich sein, auch da, wo man angegriffen wird, gute Noten verteilen, wo es verantwortet werden kann, und die Schüler gewähren lassen.« Sie strahlt voller Selbstzufriedenheit einen nach dem andern an. »So hat man seinen Frieden, und die Schüler sind glücklich.«
Es sind die ersten Worte, die Dr. Bang wieder spricht: »Sie sind eine pädagogische Hure!«

Ich höre Tuckers Stimme schon auf dem Flur. Anscheinend hat er Frank in einem Handstreich des Gebäudes verwiesen und sich dann entschlossen, das Maß seiner erzieherischen Wirksamkeit vollzumachen, bis zum Rand zu füllen mit einer aufrüttelnden Ansprache an meine Klasse.
Die Tür ist nur angelehnt. Sichert er sich damit eine größere Zuhörerschaft? Oder will er mich warnen? Verhindern, daß ich in seinen Vortrag hineinplatze und mich mit einem unpassenden Einwurf auf die Spitze seines Appells setze und ihn plattdrücke?
Vorsichtshalber bleibe ich in der Nähe der Tür stehen. Erstaunlich still ist es in der Klasse. Die außerplanmäßige Visite eines Schulleiters hat sich eben noch nicht so abgenutzt wie der tägliche Besuch desselben Lehrers.
»Disziplin ist die Basis jeder Gemeinschaftlichkeit«, erklingt Tuckers imposanter Baß. »Ohne Rücksichtnahme

und die Disziplinierung der eigenen Gewohnheiten ist kein befriedigendes Zusammenleben möglich.«
Ich trete von einem Bein aufs andere. Was verspricht sich Tucker davon, die Schüler mit diesen Allgemeinplätzen zu überfallen? Glaubt er wirklich, daß ihre Mehrzahl diese Abstrahierungen versteht?
»Wir alle wollen als freie Menschen leben«, doziert Tucker weiter, »und auch ihr als Schüler, als Zöglinge, die noch der Führung bedürfen, seid frei innerhalb der Grenzen unseres Schulsystems. Aber jede Freiheit . . .«
Und damit verirrt er sich endgültig in die Diktion eines zwar wohlmeinenden, aber lebensfernen Pfarrers. Mir wird heiß. Schließlich weiß ich, wie meine Schüler auf diese Rhetorik zu reagieren pflegen.
». . . jede Freiheit hat ihr Ende da, wo die Freiheit des Nächsten anfängt.«
Die Aura des Schulleiters hat ihre Wirkung schon verpufft. Carstens »Scheiße!« dringt bis auf den Flur, und das Stühle- und Füßescharren deutet an, daß der gute Wille, mit dem Tucker empfangen worden ist, seine Grenze erreicht hat.
»Ruhe, bitte, während ich mit euch rede!« Tucker wartet einige Augenblicke darauf, daß die Stille einkehrt, die er sich wünscht. Nachdem die Unruhe sich nur geringfügig gelegt hat, spricht er weiter.
»Was einer aus eurer Mitte getan hat, ist unverzeihlich, äh . . . wäre unverzeihlich, wenn es sich um die Tat eines Erwachsenen gehandelt hätte. Ihr als Jugendliche jedoch habt das Privileg – und sollt es auch von uns Lehrern ausdrücklich zuerkannt bekommen –, euer Verhalten zu erproben, eure Persönlichkeit allmählich zu festigen und eure Weltanschauungen zu erhärten. Mehr oder weniger ist das in eurem Alter bereits gesche-

hen und wird von der Lehrerschaft entsprechend vorausgesetzt. Deswegen muß dort, wo ein Reifungsprozeß zu spät einsetzt oder noch gar nicht in Gang gekommen ist, durch angemessene disziplinarische Maßnahmen dieser Verlauf veranlaßt oder beschleunigt werden.«
»Versteh kein Wort«, höre ich Marios Stimme.
»Was ist denn nun mit Frank?« erkundigt sich Birgit.
Aber Tucker übergeht diese konkrete Frage, die eine eindeutige Antwort erfordert hätte. Warum wagt er es nicht, die Dinge und auch den Schuldigen endlich beim Namen zu nennen? Was fürchtet er? Einen greifbaren Dialog? Gegenargumente?
Tuckers Stimme wird ärgerlich. »Ich bin sicher, ihr versteht mich, wenn ihr bereit seid, ein wenig über meine Worte nachzudenken.«
Mittlerweile muß er gegen eine beträchtliche Lärmkulisse anreden. Vielstimmiges Gemurmel, besetzt mit Kicherstößen, überrauscht vom Geraschel, Knistern, Gesumme und Brummen der unterschiedlichsten Aktivitäten, mit denen die Schüler ihre Langeweile vertreiben. Ich merke draußen auf dem Flur, daß Tucker seine Rede beschleunigt, abkürzt und schließlich mit ein paar Phrasen beendet, die kein Echo herausfordern. Als er die Tür aufschiebt und auf den Gang tritt, herrscht in der Klasse bereits eine Atmosphäre angenehmer Geselligkeit. Längst haben sich kleine Gruppen und Paarungen zusammengefunden, die sich unterhalten und Tuckers Abschiedsworte weder zur Kenntnis nehmen noch gar erwidern.
Das Gesicht meines Schulleiters ist unzufrieden. »Der Tafeldienst funktioniert auch nicht. Die Tafel ist weder gestern noch heute gewischt worden. Eine Klasse, die eine feste Hand braucht«, sagt er und läßt keinen Zwei-

fel daran, daß er meine Hände für ungeeignet hält. »Aber ich habe den Schülern nun etwas gegeben, worauf Sie aufbauen können«, setzt er gönnerhaft hinzu. »Lassen Sie den Kontakt nicht abreißen, den ich geknüpft habe. Suchen Sie das Gespräch. Ich glaube, die Schüler sind ins Nachdenken geraten.«

Ich erspare ihm und mir einen Kommentar und gehe zu meinen Schülern – die angeblich ins Nachdenken geraten sind –, bevor Mario seine Drohung wahrmacht und Damian aus seinem Lacoste-Sweatshirt boxt.

Aber Mario läßt von seinem Vorhaben ab, kaum daß ich die Klasse betreten habe. »Wo ist Frank eigentlich?« will er wissen und baut sich provozierend vor mir auf. Augenblicklich multipliziert sich diese Frage in sensationslüsternen Gesichtern. Tucker hat sie unbeantwortet gelassen, also muß sie über einer bemerkenswerten Angelegenheit stehen. »Was ist mit Frank?«

Ich bestehe darauf, daß zunächst die Plätze wieder eingenommen werden, daß die Kaffeekränzchen-Atmosphäre aufgelöst wird und sich alle gemeinsam mit derselben Frage beschäftigen. »Setzt euch jetzt hin – nein, nicht mit dem Rücken zu mir! – und seid ruhig! Damian, wie oft soll ich dir noch sagen, daß während des Unterrichts keine Coladosen auf dem Tisch stehen sollen? Ich bin die Schweinerei mit den braun-verklebten Schulheften und Büchern nun wirklich leid. Ganz abgesehen davon, daß die Bücher nicht euer Eigentum, sondern das der Schule sind. Denise, steck den Negerkuß wieder in die Tüte. Ich möchte nicht, daß du während der Stunde ißt.«

»Ich habe aber Schmacht.«

»Schiebe ich mir vielleicht im Unterricht Sahnetorte in den Mund?«

»Wär mir total egal.«
»Mir ist es jedenfalls nicht egal. Ich möchte dich jederzeit ansprechen und von dir eine Antwort erwarten können, ohne Gefahr zu laufen, mit Negerkußresten bespuckt zu werden.«
Denise wirft mir einen beleidigten Blick zu, teilt mit der Zunge ihre Mundhöhle in eine kaugummi- und eine negerkußfreie Zone und schluckt. Das wohlvertraute rhythmische Schmatzen, das gleich darauf einsetzt, zeigt, daß sie die richtige Zone leergeschluckt hat. Sie leckt sich die Finger sauber, greift nach der Tüte, die auf ihrem Tisch liegt, gibt vor, das übriggebliebene Negerkußfragment hineinzuschieben, und steckt es dann, den Kopf tief über die Tischplatte gebeugt, in den Mund. Die Wangen dick aufgeplustert, den Mund zum Überlaufen voll, so daß der Schokoladenspeichel vor die Lippen tritt, sieht sie mich herausfordernd an. Als könnte sie mir weismachen, ihr Mund sei leer. Und als wollte sie mich ermutigen, ihr den Negerkuß wieder zu entreißen.
Ich kämpfe sekundenlang gegen den aufschießenden Ekel an.
»Was ist denn nun mit Frank?« fragt Elke.
»Frank ist für eine Woche vom Unterricht befreit worden.«
»Warum?«
Ehe ich antworten kann, schreit Mario: »Easy! Morgen geh ich auch 'ne Türkin klatschen und brauch dann eine Woche nicht in die Penne zu kommen. Easy, echt easy!«
Warum fällt mir in diesem Augenblick ein Wort von Alexander Mitscherlich ein? Vielleicht weil Professor Buchheim es uns oft mit auf den Weg gab, wenn er uns klarmachen wollte, wie schwer, wie verantwortungs-

voll und wie umfassend unsere künftige Aufgabe sein würde. »Erziehen und Unterrichten gehört zu den drei nicht ideal lösbaren Aufgaben des menschlichen Lebens.« Die anderen beiden sind das Regieren und das Heilen. Und Professor Buchheim ließ keinen Zweifel daran, daß wir uns in allen drei Bereichen versuchen sollten. Nicht nur im Erziehen und Unterrichten, sondern auch im Regieren und Heilen. Und daß wir darüber hinaus uns unermüdlich einsetzen müßten für das Ziel der idealen Lösung, auch wenn es unerreichbar schien.

Zwischen den Schülern ist ein heftiger Disput ausgebrochen über die Frage, ob der Ausschluß vom Unterricht eine Strafe oder eine Belohnung sei. Marios Anhängerschaft gewinnt, gemäß der Lautstärke ihrer Äußerungen, schnell die Oberhand. Aber es gibt auch Stimmen, die Mario mit Gegenmaßnahmen drohen für den Fall, daß er seine Ankündigung wahrmacht. Aber diese Stimmen sind leiser, können nicht mithalten in der Auseinandersetzung mit den Krakeelern. Sind Gewalt, Intoleranz und Dummheit eigentlich immer vernehmlicher als die Bereitschaft zur Toleranz und zum Miteinander?

Mir fällt die neue Unterrichtsreihe ein, zu der der Oberbürgermeister allen Schulen der Stadt geraten und sie zu diesem Zweck auch gleich mit Unterrichtsmaterial versorgt hat. »Warum gab es immer und gibt es immer wieder Kriege, Unterdrückung, Ungerechtigkeiten und Kämpfe zwischen den Menschen?« Ein zweckmäßig global umspanntes Thema, das – je nach Klassensituation und -bedürfnis, nach Lehrerwunsch, Lehrplan, Lernziel oder einem aktuellen Anlaß, den die Schüler liefern – zu einem Gespräch über Krieg, Rassismus, Apartheid, politische Extreme oder familiäre Konflikte genutzt werden kann. Der Oberbürgermeister hat drei große

Plakate mitgeliefert: »Unsere Erde« mit der deutlichen Schattierung aller Unruheherde, Krisen- und Kriegsgebiete der Welt, »Die Vertreibung aus dem Paradies«, mit der vermutlich alles angefangen hat, und »Zwei Stiere« als Beispiel des Kampfes zweier gleichrangiger, gleich mächtiger, chancengleicher Gegner.
»Wir machen Gruppenarbeit«, beschließe ich spontan. »Ich gehe in den Kartenraum und hole das Material. Ihr stellt Stühle und Tische so, daß sich vier Gruppen face to face gegenübersitzen.«
»Face to . . . was?«
»Ihr sollt euch ansehen, während ihr miteinander sprecht.« Ich wende mich an meine zuverlässigste Schülerin. »Birgit, versuch dafür zu sorgen, daß das Mobiliar keinen Schaden nimmt, während es zu Gruppen formiert wird.«
Birgit nickt. Vor der Tür höre ich noch ihre Stimme: »Stell den Stuhl wieder hin, du Wichser!«, ehe ein gewaltiges Poltern meine Befürchtung erhärtet, daß ich heute mittag mal wieder beim Hausmeister vorstellig werden muß, der eine Bitte nur dem erfüllt, der auch bereit ist, geduldig dem Vortrag zu lauschen: »Zu unserer Zeit war alles noch ganz anders, wir hätten ein paar hinter die Löffel gekriegt, und von da an wären alle Stühle heil geblieben, aber heutzutage . . .«. Bisher habe ich immer genickt, während ich zusah, wie aus zwei ramponierten Teilen wieder ein Stuhl wurde. Aber wie lange kann ich mir eigentlich noch leisten zu nicken? Muß ich nicht irgendwann unserem Hausmeister einen Schritt voraus sein?
Tucker begegnet mir auf dem Gang. Es ist zum Verzweifeln heute! Ich weiß doch, wie ungnädig mein Chef reagiert, wenn er einen Lehrer während des Unterrichts

außerhalb des Klassenraums antrifft. Selbst wenn man völlig rechtmäßig im Verlaufe einer Freistunde den Kopierraum oder die Bibliothek aufsucht, ist es ratsam, Tucker auf diesen besonderen Umstand hinzuweisen, wenn man ihm begegnet. Damit Tucker keine Schlüsse zieht, die man nicht zu entkräften in der Lage ist, weil der unberechtigte Vorwurf unausgesprochen bleibt. Auch jetzt ist mein Gewissen eigentlich makellos rein. Gehe ich nicht einem Impuls meiner Schüler nach und versorge mich nur aus diesem Grunde erst nach Unterrichtsbeginn mit dem notwendigen Material? Daran kann auch ein pflichteifriger Schulleiter nichts zu beanstanden haben.
Trotzdem setze ich ihn sicherheitshalber in Kenntnis: »Ich baue auf dem auf, was Sie bei meinen Schülern angeregt haben«, sage ich, ohne rot zu werden. »Sie sind in der Tat ins Nachdenken geraten und suchen das Gespräch. Ich werde sie jetzt mit der neuen Unterrichtsreihe konfrontieren.«
Über Tuckers Gesicht geht ein selbstgefälliges Leuchten. »Gut, sehr gut!«
Und nun nimmt er auch wieder meine Beine zur Kenntnis! Ich bin aus Gründen, die nichts mit Eitelkeit zu tun haben, froh über Tuckers menschliche Schwäche. Sie ist es schließlich, die ihm etwas von seiner Verknöcherung nimmt und aus ihm einen Mann mit männlichen Interessen macht. Trotzdem fällt es mir immer noch schwer, ihn mir in Unterhosen vorzustellen, obgleich das ja angeblich einer Autorität das Unnahbare nehmen soll.
Ich komme keine Minute zu früh in den Klassenraum zurück. Die Aggression, die sich dort angestaut hat wie schlechte Luft, ist sofort zu spüren.
»Was ist los?« Ich sehe wachsam in die Runde. Da hat sich

doch irgend etwas abgespielt, während ich im Kartenraum war! Selbst Birgit sieht mir zwar offen, aber ratlos entgegen, Rita sitzt da mit feuerroten Ohren, und Norbert blättert in der ASchO, als suche er einen klaren juristischen Beleg für einen umstrittenen Sachverhalt. Allem Anschein nach hat sich die Klasse in der Zeit meiner Abwesenheit in zwei Lager gespalten, was sich auch in der Anordnung der Gesprächskreise zeigt. Zwischen den Gruppen klafft eine Grenze von drei unbesetzten Stühlen. Carsten klappt ein Taschenmesser auf und zu, während er sich setzt, läßt die Klinge heraus- und wieder hineinschnappen und bohrt die Spitze schließlich genießerisch in das dünne Leder von Marios Etui.
»Tauch ab!« zischt Mario, zieht den Reißverschluß seines Mäppchens auf und untersucht den Zustand des durchbohrten Wildleders von innen und außen. Zwischen Stiften, Füller, Lineal und Radiergummi liegt ein Schlagring. Mario nimmt ihn heraus, zieht ihn spielerisch über die Hand und läßt ihn dann wieder ins Etui gleiten.
Die Veränderung ist nun zu greifen. Es ist die Heimlichkeit, die verlorengegangen ist. Nachdem Frank sein Versteckspiel aufgegeben hat, aufgeben mußte, wird die Gewalt jetzt offen gehandelt. Vielleicht lassen sich noch Namen wie Notwehr oder Nothilfe für sie finden, aber Carsten und Mario bekennen sich zur Kompromißlosigkeit.
Während ich die Plakate über die Wandtafel hänge, ringe ich mit meiner Fassung. Ich habe die Lawine losgetreten, habe den tarnenden Schleier zerrissen und werde jetzt mitansehen müssen, wie er davonfliegt. Nichts, was einmal verraten worden ist, kann erneut zum Geheimnis werden.
Ich versuche, die Lektion zügig in Gang zu bringen. Ein

Gutteil der Stunde ist schon dahin. Vielleicht gelingt es mir, an den Faden anzuknüpfen, der während meiner Abwesenheit gewirkt worden ist? Womöglich kann ich endlich einmal etwas weiter vordringen?

»Seht euch die Bilder an. Laßt sie auf euch wirken, macht euch klar, was ihr fühlt. Wir wollen jede Vermutung zulassen.«

Zunächst einmal muß ich zulassen, daß ein unbesetzter Stuhl auf Wanderschaft geht. Einige Jungen versuchen, ihn hinter ihren Rücken von Hand zu Hand zu reichen. Schon dem dritten versagen die Muskeln, und der Stuhl fällt polternd hintenüber.

Während das allgemeine Gejohle abnimmt, nehme ich die Kreide zur Hand. Tucker hat recht, an der Tafel gibt es kein freies Fleckchen mehr. »Wer hat Tafeldienst?«

»Ich nicht!« meldet sich ein Dutzend Stimmen.

Ich habe keine Lust, der Klärung dieses Tatbestandes nachzugehen, sondern greife zum Schwamm und wische die Tafel sauber. Dann schreibe ich die Leitfrage an die Tafel : Warum gibt es immer wieder Krieg?

»Kann ich nicht lesen!« schreit Elke. »Die Tafel ist zu naß.«

»Das ist nicht meine Sache«, entgegne ich kühl. »Ihr hättet die Tafel ja längst wischen können.«

Elke knallt ihren Stift auf den Tisch. »Wenn ich nicht lesen kann, kann ich auch nicht wissen, wo's langgeht.«

Ich verzichte auf den Hinweis, daß sie auch unter anderen Umständen selten weiß, wo es langgeht, und wiederhole statt dessen die Frage: »Warum gibt es immer wieder Krieg? Zum Beispiel in Bosnien.« Und zögernd füge ich hinzu: »Oder hier. Bandenkriege auf den Straßen. Tätliche Auseinandersetzungen in den Schulen.«

Elke drängt es anscheinend, den Kleinkrieg im Klassen-

zimmer zu inszenieren. Mit ihrem Lineal als Angriffswaffe verteilt sie Püffe und Stiche nach links und rechts.
»Elke, hör auf damit.«
Elke läßt nicht einmal erkennen, daß ihr meine Ermahnung zu Ohren gekommen ist. Sie stichelt weiter, bis Denise mit einer einzigen Handbewegung ihren Schreibblock vom Tisch fegt. Elke kreischt empört, während der Rest der Gruppe vor Lachen beinahe von den Stühlen fällt.
»Noch einmal – und du fliegst aus dem Fenster, Denise! Und Elke gleich hinterher!«
Eine Drohung, für die jeder nur ein müdes Lächeln übrig hat. Die aber vielleicht geeignet ist, den Tatbestand von Krieg und Gewalt plastischer zu machen?
Damians herzhaftes Gähnen bleibt der einzige Diskussionsanteil!
»Also gut, wenn ihr keine Einzelbeiträge liefern wollt, arbeiten wir jetzt streng gruppenintern. In jeder der vier Gruppen wird Protokoll geführt über die Empfindungen, die die Gruppe gemeinsam zusammenträgt. Denkt über folgende Antworten nach. Könntet ihr euch mit einer von ihnen identifizieren?«
Ich warte, bis ich das Gefühl habe, daß wenigstens die Mehrheit zuhört. »Der Hang zum Bösen ist im Menschen. – Nicht nur Tiere kennen die Lust zu kämpfen. – Angst vor dem Fremden schlägt um in Haß. – Auch die Gier nach Besitz ... Was willst du, Denise?«
»Nase putzen.« Denise schlurft zum Waschbecken, zerrt ein gutes Dutzend Papiertücher aus dem Kasten, schnaubt in eines geräuschvoll hinein und läßt die anderen achtlos in den Papierkorb fallen. Dümmlich grinst sie mich an. »Man wird doch noch mal ...«

»Also, ich erkläre es jetzt zum letztenmal! Die Gruppe diskutiert, der Protokollführer hält Stichworte fest und berichtet nachher, welche Erkenntnisse die Gruppe zusammengetragen hat.«
»Bleib mir mit deinem Ellbogen aus der Seite!«
»Mach du dich nicht so breit. Du liegst ja halb auf meinem Tisch.«
»Ihr habt nur noch eine Viertelstunde. Danach will ich von jeder Gruppe ein Ergebnis haben.«
Elke entreißt Birgit den Protokollzettel, der immerhin einige wenige Stichworte enthält, und zerknüllt ihn aufgebracht. »Das solltest du nicht schreiben.«
»Überleg dir gefälligst vorher, ob du was willst oder nicht«, empört sich Birgit und versucht, Elke den Zettel wieder zu entwinden.
»Wenn du nicht mitarbeiten willst, Elke, dann setz dich woandershin und beschäftige dich allein!« Natürlich bin ich ganz entschieden gegen die Prügelstrafe – trotzdem würde ich Elke jetzt gerne eine runterhauen.
»Gib Birgit das Protokoll zurück, und laß sie weiterschreiben.«
»Wo war denn da das kleine, völlig kostenlose und doch so wertvolle Wort ›bitte‹?«
Verblüfftes Schweigen, dann schlägt sich die Klasse johlend auf die Schenkel. Und auch ich schwanke zwischen Überraschung, Ärger und Belustigung. Schließlich hat Elke noch nie zuvor einen kompletten Satz wortgetreu wiederholen können. Und das nach der langen Zeit von etwa 24 Stunden!
Nachdem die allgemeine Begeisterung sich gelegt hat, ist Elke, wahrscheinlich durch ihren Heiterkeitserfolg ermutigt, wieder bereit, an der Gruppenarbeit teilzunehmen.

»Keiner kommt mir aus der Klasse, dessen Gruppe nicht wenigstens einen Satz zu einem Bild eurer Wahl notiert hat.«
Mit Ach, und vor allem mit Krach, steuere ich das Ende der Stunde an und bin um eine Erkenntnis reicher. Die Gruppenarbeit, die Professor Buchheim als motivations- und integrationsfördernden, gemeinschaftsgestaltenden Lernprozeß empfahl, setzt eine bestimmte Sozialkompetenz voraus. Es ist nicht zu leugnen, daß meine Schüler für diese Kompetenz noch nicht reif sind. Und die drückende Frage steht im Raum: Werden sie jemals zu dieser Reife gelangen?
Meine Klasse sollte auch in dieser Stunde das lernen, was ich sie lehrte. Zum Beispiel, daß die Gier nach Besitz eine Wurzel des Krieges ist. Aber haben sie nicht vielmehr von ihren Mitschülern gelernt, daß es sich auszahlt, Power zu machen und Schwächen auszunutzen? Es gibt viel zu viele Schüler, die mit schweren sozialen Defiziten in die Schule kommen, für die deswegen ganz neue soziale Voraussetzungen geschaffen werden müßten, weil die bisherigen sie überfordern.
Während das Klassenzimmer sich leert und meine Schüler zu einem Teil des Getöses auf dem Gang werden, rolle ich die Plakate wieder zusammen. Auf der Rückseite der »Vertreibung aus dem Paradies« steht ein Zitat aus dem Jahre 1806: Von allen Fehlern und Untugenden seiner Zöglinge muß der Erzieher den Grund in sich selbst suchen.
Beim Oberbürgermeister piept's wohl!
Selbst das Ende des Zitats versöhnt mich nicht ganz: Meine Meinung ist gar nicht, daß der Grund von allen Fehlern und Untugenden der Zöglinge in dem Erzieher

wirklich läge, sondern ich will nur, daß er ihn in sich suchen soll.
Wie kommt der Oberbürgermeister eigentlich dazu, mir Zitate aus dem Jahre 1806 vorzusetzen und zu glauben, daß sie kurz vor der Vollendung des 20. Jahrhunderts noch Gültigkeit haben könnten? Er sollte einmal seine Amtsstube im Rathaus mit einem Klassenzimmer vertauschen! Nur einen einzigen Vormittag! Dann wäre er vermutlich froh, die Fehler und Untugenden seiner Zöglinge in so geringer Anzahl zu halten, daß er nicht den gesamten Nachmittag mit der Suche nach ihren Ursachen zuzubringen hätte.
Zornig schultere ich die Plakatrolle und schließe das Klassenzimmer ab. Fromme Sprüche von Leuten, die seit Jahrzehnten keine Schule mehr von innen gesehen haben! So etwas habe ich gerne!

Marios Vater hat offenkundig ein Problem. Eins, das ihn rund um die Uhr zu beschäftigen scheint, anderen sofort ins Auge springt, ihn jedoch nicht mehr belastet als der Zwang, sich zu kratzen, wenn es irgendwo juckt. Denn die Behandlung seines Problems hat er mittlerweile derart automatisiert, daß der Wunsch verlorengegangen sein muß, das Dilemma ein für allemal aus der Welt zu schaffen.
Herrn Winkelmanns Problem ist seine Hose. Vermutlich hat er noch eine Menge anderer Probleme, aber dies ist das vordergründige. Sein Bauch ist nämlich so fett, daß es unmöglich scheint, die Hose so weit hinaufzuziehen, daß sie irgendwo auf seinem Leib einen festen Platz einnehmen und halten kann. Als Herr Winkelmann mir auf

dem Flur entgegenkommt, zieht er eifrig seine Gürtelschnalle in die Höhe, die jedoch, kaum daß sie für ein paar Sekunden oberhalb des Bauchnabels prangt, schon wieder der Anziehungskraft der Erde folgt. Mit den vielen Schritten, die der lange Gang von ihm fordert, dem dynamischen Eifer, mit dem er sie zurücklegen will, und dem Entgegenkommen, das er mit diesem Schwung und der ausgestreckten Hand, die mir schon zehn Schritte zu früh entgegenwinkt, unter Beweis stellen will, hat er seine Körperkraft und den Sitz seiner Hose bereits derart überfordert, daß seine Stirn mit Schweißperlen bedeckt und seine Hose über das Ende seines Hemdes hinausgerutscht ist. Während ich seine feuchte Hand schüttle, beunruhigt mich nichts so sehr wie der Gedanke, die Hose könnte weiter vorankommen und Herr Winkelmann nicht rechtzeitig zur Stelle sein. Aber meine Angst ist unbegründet. Marios Vater scheint den Augenblick der Kapitulation genau zu kennen, preßt den linken Unterarm gegen den Hosenbund und drückt ihn mit Hilfe einer Schulterkreisung wieder in die Höhe. Daß sich ein Zipfel seines Hemdes mit hinaufgehoben hat und nun wie ein Würmeling über den Hosenbund lugt, entgeht ihm.

»Schön' guten Tag, Frau ... ja, Frau ... also, wirklich nett, daß Sie Zeit für mich haben. Wir kennen uns ja noch nicht.«

»Nein, weder Sie noch Ihre Frau sind bisher zum Sprechtag gekommen.«

Herr Winkelmann duckt sich prompt unter meinem Vorwurf. »Sie haben recht, wir wollten schon lange ... Wie oft habe ich zu meiner Frau gesagt, wir müssen endlich mal ... Aber eigentlich haben wir mit Mario ja keine Sorgen.«

Ich sehe ihn überrascht an. »Wie schön für Sie. Ich wollte, das könnte ich auch sagen.«
Herr Winkelmann überhört meinen Einwand geflissentlich und konzentriert sich zunächst einmal auf die Erklärung, warum es ihm bisher unmöglich war, sich um die schulischen Belange seines Sohnes zu kümmern. »Wir sind ja beruflich sehr eingespannt. Oder vielmehr, wir waren es ... zumindest was mich angeht ... meine Frau ist ja immer noch ... also, ich bin seit ein paar Monaten arbeitslos. Nicht gekündigt oder so ... nein, nein, meine Firma ist in Konkurs gegangen. Und Sie wissen ja, wie das ist, der Arbeitsmarkt ist voll, und Spezialisten wie ich ... wer kann schon mit einem Drehmomentschlüssel umgehen? Ich jedenfalls kann es. Aber nun finden Sie mal eine andere Firma, wo das gefragt ist. Es gibt keine in dieser Gegend, sage ich Ihnen, es gibt keine.«
Herr Winkelmann zerrt aufgeregt an seiner Hose. »Was ich sagen wollte, ja, also, jetzt habe ich natürlich mehr Zeit. Ist jetzt kein Problem für mich, in Ihre Sprechstunde zu kommen. Früher jedoch ... völlig unmöglich. Und meine Frau ist ja immer noch berufstätig, Kassiererin, acht Stunden, ein anstrengender Job, sage ich Ihnen.«
Bis jetzt habe ich gezögert, mich mit Herrn Winkelmann in die Intimität des winzigen Elternsprechzimmers zu begeben. Seine Anwesenheit ist so überquellend, viel zu breit für die Nähe, die einem der kleine Raum aufzwingt. Aber wenn ich mir seine Hose ansehe und mir vorstelle, in welche Bewegung sie geraten könnte, während wir das Gespräch stehend auf dem Flur führen, ziehe ich es doch vor, ihm einen Stuhl anzubieten.
Während ich das Fenster einen Spaltbreit öffne, durch-

zieht mich noch einmal die Empfindung des frühen Morgens. Und meine Hände beginnen zu zittern, während ich an Frank und seinen unbeugsamen Blick denke.

Herr Winkelmann sitzt da, die Hände über seinem gewaltigen Bauch gefaltet, als erwarte er eine längere Predigt. Ich zwinge mich, meine Gedanken von Frank zu lösen und sie Mario zuzuwenden.

»Ich habe im Gegensatz zu Ihnen eine Menge Probleme mit Mario«, nehme ich den Faden wieder auf. »Wir sollten einmal klären, ob sich sein Verhalten in der Schule wesentlich von dem in der Familie unterscheidet.«

Ich nehme Winkelmann gegenüber Platz. »Wenn Sie also sagen, daß Ihr Sohn Ihnen keinerlei Sorgen bereitet ...«

Herr Winkelmann wird unruhig. »Genaugenommen sehe ich ihn ja nur selten.«

Ich blicke ihn verblüfft an. »Mario wohnt doch noch zu Hause?«

Herr Winkelmann nickt. »Doch, doch ...«

»Und da Sie arbeitslos sind ...«

»Er sitzt ja immer in seinem Zimmer. Kommt nur selten heraus. Eigentlich nur, wenn er Hunger oder Durst hat.«

»Er nimmt also nicht am Familienleben teil? Das muß doch einen Grund haben. Können Sie sich erklären, warum das so ist?«

»Familienleben!« Herr Winkelmann zuckt die Achseln. »Was weiß ich! Das hat er immer so gemacht.« Er sieht mich an, als wäre ihm soeben ein grandioser Einfall gekommen. »Wahrscheinlich lernt er den ganzen Nachmittag fleißig.«

Wirklich ein grandioser Einfall! »Wenn das so wäre, Herr Winkelmann«, erkläre ich gemächlich, »müßte mir das aufgefallen sein. Da Mario nur selten seine Hausaufga-

ben macht und seine Leistungen von Jahr zu Jahr schlechter werden, liegt der Verdacht nahe, daß er in seinem Zimmer etwas anderes tut.«
Herr Winkelmann schüttelt ratlos den Kopf.
»Vielleicht sollten Sie sich einmal darum kümmern.«
»Wo denken Sie hin? Der Junge schließt immer die Tür ab.«
»Warum denn das?«
»Keine Ahnung. Das heißt – manchmal hat er ein Mädchen bei sich. Dann will er natürlich nicht, daß plötzlich jemand neben seinem Bett steht.«
»Verständlich.« Ich überlege, wie ich Herrn Winkelmann und seine familiäre Problematik zu fassen bekommen kann.
»Aber ... verbringen Sie nicht den Abend gemeinsam? Sie und Ihre Frau und Mario?«
Herr Winkelmann schüttelt den Kopf. »Abends ist der Mario meistens unterwegs. Oder er liegt auf seinem Bett und sieht fern. Er hat ja einen eigenen Fernseher. Ein altes Ding, von seiner Oma, war praktisch das einzige, was noch zu verwerten war, als wir nach ihrem Tod das Zimmer im Altersheim räumten, alles andere nur Plunder, reif für den Sperrmüll.«
Ich werde ungeduldig. »Irgendwann müssen Sie doch mal mit Ihrem Sohn zusammensein.«
Herr Winkelmann zuckt die Schultern. »Ach, wissen Sie, ich habe immer gemeint, daß der Mario machen kann, was er will. Das soll doch gut sein, diese anti ... antiauto ... na, Sie wissen schon, wenn die Kinder machen können, was sie wollen.«
»Sie haben Mario also antiautoritär erzogen?« Ich lasse keinen Zweifel daran, daß ich Winkelmann kein Wort glaube.

Prompt wird er unsicher. »Na ja, vielleicht nicht so ganz. Aber sehen Sie, als er klein war, konnten wir uns ja nicht um ihn kümmern. Schließlich mußten wir arbeiten.«
»Wer hat Mario denn versorgt, als er klein war?«
»Meine Schwiegermutter manchmal, hin und wieder auch die Nachbarin. Die machte das gern, ehrlich. Und dann hatte er ja noch seine große Schwester. Aus der ersten Ehe meiner Frau.«
»Wieviel älter ist diese Schwester?«
»Zwei Jahre.«
Ich fange an mich zu ärgern. »Wollen Sie damit sagen, daß eine Vierjährige einen Zweijährigen versorgt hat? Oder eine Fünfjährige einen Dreijährigen?«
Herr Winkelmann winkt ab. »Nicht ganz. Aber als die Ria in der Schule war, hat sie den Mario mittags vom Kindergarten abgeholt. Ria hatte einen Schlüssel, und dann sind die beiden nach Hause und haben sich dort etwas zu essen gemacht.«
»Ganz allein?«
»Klar! Natürlich, äh... meine Frau hatte ihnen dann meistens was vorbereitet, und sie brauchten sich das nur warmzumachen. Oder, oder... Corn-flakes mit Milch oder so... ist doch auch ganz gesund, muß ja nicht immer Fleisch sein, soll sowieso nicht gut sein, soviel Fleisch... Und was meinen Sie, wie früh die beiden selbständig waren! Also, ehrlich, die gingen beide noch in die Grundschule, aber man konnte sie getrost den ganzen Tag allein lassen. Da ist nie was passiert. Wenn meine Frau und ich von der Arbeit kamen, hatte Ria sogar oft schon das Abendessen gemacht. Mit acht, neun Jahren.«
»Und Mario?«
»Der hat irgendwas gespielt.«

Mir fällt ein, daß Mario in meiner Gegenwart niemals die Existenz einer Schwester erwähnt hat. »Ist Mario immer noch viel mit Ria zusammen?«
»Nee«, druckst Winkelmann, »Ria wohnt nicht mehr bei uns.«
»Ach ja, sie war ja schon so früh selbständig. Da hat sie sich wohl bald auf eigene Beine gestellt.«
Winkelmann verschweigt mir etwas Wesentliches, das ist klar. Ich frage mich, ob es wichtig ist, mehr davon zu erfahren, oder ob Marios Entwicklung nichts mit seiner Schwester zu tun hat.
»Ja, könnte man wohl sagen.« Jetzt versucht Winkelmann sogar im Sitzen, seine Hose in die Höhe zu zerren. Meine Neugier siegt. »Wo lebt Ihre Stieftochter?«
Wieder nur ein Achselzucken. »Keine Ahnung. Manchmal meldet sie sich, aber immer nur, wenn sie Geld braucht, Geld für Stoff. Aber jetzt schon lange nicht mehr. Wer weiß, was mit ihr ist.«
Unversehens wirft er die nachlässig übergestülpte Maske des Biedermanns ab. »Der Vater, also der erste Mann von meiner Frau, war auch so einer. Säufer! Lebt irgendwo unter einer Brücke, hat alles versoffen. Da wird Ria wohl auch bald enden. Kann sich ja danebenlegen. Die hat das von ihrem Vater, ganz klar.«
»Wie lange ist das her, daß Ria süchtig wurde?«
»Woher soll ich das wissen? Die hat ja jahrelang alles versteckt vor uns, die Spritzen und so. Als wir endlich mitgekriegt haben, was Sache war, ging sie schon auf den Strich, um anzuschaffen für den Stoff.«
»Auch das haben Sie nicht gemerkt?«
»Sie sagte ja immer, sie ginge zu ihrem Freund. Und wir dachten, da übernachtet sie auch. Hat sie jedenfalls immer gesagt.«

Er sieht mich ärgerlich an. »Was soll überhaupt das Gerede über Ria? Ich denke, Sie wollen mit mir über Mario reden?«

»Ja, natürlich.« Ich atme tief ein und aus. »Aber Ria scheint ja eine wichtige Bezugsperson für Mario gewesen zu sein. Also war es auch eine entscheidende Irritation in seinem Leben mitanzusehen, was mit Ria geschah.«

»Schon möglich«, räumt Herr Winkelmann ein. »Aber Ria hat gesagt, der Mario hat da auch nichts von mitgekriegt. Nee, nee, das hat der auch nicht. Der hat auch nie davon gesprochen.«

»Als nun Ria nicht mehr für Mario sorgen konnte oder wollte ...«

»Da war der ja schon alt genug! Mindestens zehn, zwölf. Da kam der bestens allein zurecht.« Winkelmann gewinnt wieder Oberwasser. Großspurig beugt er sich vor. »Wissen Sie, ich bin nicht so für diesen ganzen Firlefanz, von wegen Bezugsperson und so. Das Leben ist hart, und die Kinder sollen beizeiten sehen, daß sie damit zurechtkommen. Je weniger sie verhätschelt werden, desto besser kommen sie klar. Der Mario ist immer allein klargekommen.«

»Wie können Sie da so sicher sein? Haben Sie regelmäßig nachgeforscht, ob Mario wirklich klarkam? Haben Sie deutlich Ihre Hilfe angeboten, damit er wußte, an wen er sich wenden konnte, wenn er mal nicht klarkam?«

»Das hätte er schon gewußt.« Die Schweißperlen wachsen auf Winkelmanns Stirn in einem unregelmäßigen Rhythmus heran und perlen an den Schläfen hinab, wo er sie mit der flachen Hand wegwischt. »Ich war da immer tolerant und habe den Mario machen lassen ...«

»Tolerant?« Erstaunlich, mit welcher Unverfrorenheit dieser Vater die passenden Termini benutzt.
»Ja, ja, Erziehung zur Selbständigkeit, freiheitliche Erziehung... soll doch gut sein.«
»Vor allen Dingen bequem, nicht wahr?«
»Wieso bequem?«
Ich beschließe nach kurzem Zögern, ihn nicht gänzlich zu verärgern, und verzichte darauf, ihm meine Einschätzung seiner Erziehungsmethoden zu erläutern.
»Können Sie mir erklären, Herr Winkelmann«, frage ich statt dessen, »wie es kommt, daß Mario anscheinend unfähig ist, sich einzugliedern, oder nicht willens, sich zu integrieren? Er fällt durch totale Leistungsverweigerung auf, durch den Zwang, die Aufmerksamkeit seiner Mitschüler auf sich zu ziehen, und vor allem fällt er besonders unangenehm durch sein ungehobeltes Benehmen auf. Gehört das auch in Ihr Bild von freiheitlicher Erziehung? Zu dulden, daß Ihr Sohn seine Mitmenschen beleidigt, wann immer er will?«
Mein Zynismus ist selbst für einen Mann wie Herrn Winkelmann greifbar. Erregt erhebt er sich, fuchtelt mit der Rechten vor meinem Gesicht herum, während seine Linke den Hosenbund umklammert. »Aber Sie, was? Aber Sie! Lehrer dürfen machen, was Sie wollen, was? Meinem Sohn den Walkman kaputtmachen und dann von nichts was wissen wollen!«
Ich überlege kurz, ob es Sinn hat, Marios Vater vom eigentlichen Tatbestand zu unterrichten. Aber so, wie er jetzt vor mir steht, werde ich ihn mit den einleuchtendsten Argumenten nicht zur Einsicht bewegen können. Also rette ich mich wieder in meinen Zynismus, in dem ich mich weniger angreifbar fühle. »Ich freue mich, daß die Kommunikation zwischen Ihnen und Ihrem

Sohn wenigstens noch gelegentlich funktioniert. Ich rate Ihnen, die nächste Gelegenheit zu nutzen, ihn nach dem konkreten Sachverhalt zu befragen. Dann werden Sie wissen, warum ich ihm keinen neuen Walkman kaufen werde.«

»Na ja!« Winkelmann zieht energisch seine Hose in die Höhe, bis der Bund dicht unterhalb der Brustwarzen sitzt und die Hosenaufschläge über dem Sockenrand flattern. »Man kennt das ja. Der liebe Gott weiß alles, der Lehrer weiß alles besser.« Er ringt sich ein meckerndes Lachen ab. »Da ist man als Erziehungsberechtigter ja machtlos.« Er wischt die Finger an den Seitennähten seiner Hose ab, was erneut ihren Sitz gefährdet, und streckt mir die Hand entgegen.

Ich denke an die Schweißströme, die er mit der bloßen Hand weggewischt hat, und beschließe kurzerhand, die dargebotene Rechte zu übersehen. Statt dessen öffne ich die Tür und setze ein Abschiedslächeln auf. »Wir haben nichts erreicht, was Mario in Zukunft helfen könnte, aber für mich war es dennoch sehr aufschlußreich, Sie kennengelernt zu haben.«

Winkelmann sieht mich mißtrauisch an, als ahne er etwas von der Zweideutigkeit meiner Worte, dann geht er an mir vorbei auf den Flur. »Warum sind Sie eigentlich Lehrerin, wenn Ihnen das überhaupt keinen Spaß macht?«

Nun bin ich einen Augenblick ehrlich verblüfft. »Eine gute Frage, Herr Winkelmann«, bringe ich schließlich heraus. »Ich werde mir die Antwort überlegen. Auf Wiedersehen.«

Eigentlich hätte ich ihm gerne nachgesehen, um zu beobachten, wie seine Hose sich auf dem Rückweg behauptet, aber ich verzichte darauf. In meinen Ohren

randaliert die Frage, die Winkelmann zurückgelassen hat und auf die es keine Antwort zu geben scheint. Ich mag keine unbeantworteten Fragen.
Ist das der Grund dafür, daß ich diese Frage, für die ich noch keine Antwort weiß, niedergeschwiegen habe mit Durchhalteparolen, wann immer sie sich aus weiter Ferne zu Wort meldete? Da mußte erst einer wie Herr Winkelmann kommen und sie aussprechen, damit aus meinem Mißmut, der mich seit Jahren bedrängt, ein Gefühl werden konnte, das ernst genommen wird!
Mario steht plötzlich vor mir, wischt sich die Hände an den Seitennähten seiner Hose ab, zerrt am Gürtel die enge Jeans um geringfügige Zentimeter in die Höhe – und will mir anscheinend weismachen, rein zufällig, auf dem Weg zur Toilette vielleicht, meinen Weg zu kreuzen.
»Na?« fragt er, und zum erstenmal entdecke ich in seinem Gesicht so etwas wie Verlegenheit.
»Wollen wir nachher mal miteinander reden?« frage ich zurück.
Seine Hände verschwinden in den Hosentaschen. Ich sehe, wie die Knöchel seiner Fäuste sich durch den Stoff drücken. »Wozu?«
»Du könntest mir etwas von Ria erzählen.«
»Mein Alter ist ein Laberfritze!« Da ist er wieder, der Mario, den ich kenne. »Die Ria interessiert mich einen Scheißdreck. Hatte er nichts Wichtigeres mit Ihnen zu besprechen?«
Und ohne eine Antwort abzuwarten, stapft er die Treppe hoch.
Da war eine winzige Luke gewesen, durch die ich einen schnellen Blick erhaschen konnte in Marios Welt. Zu

klein jedoch und viel zu schnell wieder verschlossen, um zu erkennen, wie es wirklich dahinter aussah.
»Sie glauben wohl jeden Scheiß?« höre ich Mario von der obersten Treppenstufe rufen. Und dann murmelt er: »Pauker sind doch alle dämlich.« Leise, aber leider nicht leise genug.
Und die Frage beginnt wieder zu bohren: Warum bin ich eigentlich noch Lehrerin?

Gesa schäumt vor Zorn, als ich zu Hause eintreffe. »Der Eichfeld ist ein Idiot!«
»Warum hast du noch nicht das Mittagessen warmgemacht?«
»Das kann Tobi doch machen!«
»Der kommt dienstags immer als letzter, das weißt du doch.«
»Der Eichfeld ist wirklich ein Idiot.«
»Herr Eichfeld kann kein Idiot sein. Möglich ist allenfalls, daß er etwas getan hat, was dir nicht paßt. Also erzähl schon.«
»Hätte ich bei einem anderen Lehrer Geschichte, bekäme ich eine Zwei aufs Zeugnis. Beim Eichfeld muß ich froh sein, wenn ich noch eine Drei erwische.«
Es klingelt, Tobias steht vor der Tür.
»Der Eichfeld ist ein Idiot!« empfängt ihn seine Schwester.
Tobias läßt seine Schultasche fallen, die Jacke und den Turnbeutel daneben.
»Na klar, weiß doch jeder! Eichfeld hat ’nen Chip locker. Totaler Systemabsturz!«
Bei mir fängt das System auch an zu rotieren. »Was redet

ihr da eigentlich? Drückt euch doch mal verständlich aus.«
Mittlerweile sitzen wir am Eßtisch, der wieder einmal zum Mittelpunkt der Gerichtsbarkeit wird.
»Ich habe für den Geschi-Test gelernt«, behauptet Gesa. »Trotzdem hat der Eichfeld mir eine Dreiminus gegeben. Um einen Punkt bin ich an der Vierplus vorbeigeschrammt.«
»Warum regst du dich auf?« frage ich erstaunt. »Wahrscheinlich hast du einfach nicht genug getan.«
»Habe ich doch!« entgegnet Gesa empört. »Aber bei dem Eichfeld kommen eben keine gute Noten vor. Eine Eins gibt der fast nie und Zweien auch nur selten.«
Tobias nickt. »Das stimmt. Das weiß jeder. Bei dem bin ich auch über die Drei nie hinausgekommen.«
»Die Parallelklasse hat Frau Weber«, ereifert sich Gesa weiter, »und die schreibt viel leichtere Arbeiten. Bei Frau Weber hätte ich mit Sicherheit eine Zwei gekriegt.«
»Sieh das doch mal von der anderen Seite«, versuche ich sie zu beruhigen. »Herr Eichfeld verlangt viel, aber das kann er nur, wenn er euch auch viel beigebracht hat. Gute Lehrer erwarten auch gute Leistungen. Nur wenn die Schüler nicht viel bei einem Lehrer gelernt haben, muß der sich mit mittelmäßigen und schlechten Leistungen abfinden. Das ist doch klar.«
»Nein, das ist nicht gerecht.« Wenn es um Schule geht, schlägt Tobias sich immer auf die Seite seiner Schwester. »In allen Klassen müßten gleich schwere Arbeiten geschrieben werden. Sonst ist das doch ungerecht.«
»Herr Eichfeld sagt«, berichtet Gesa weiter, »dieselbe Arbeit hätte er vor ein paar Jahren schon einmal schreiben lassen. Und da hätte es viele Zweien gegeben. Wir wären eben einfach schlechter.«

»Vielleicht hat er recht?« gebe ich zu bedenken.
»Hast du dir den Notendurchschnitt geben lassen?« fragt Tobias. »Du weißt doch, wenn mehr als ein Drittel unter ausreichend ist...«
»Ja, ja«, wehrt Gesa ab. »Das paßte gerade noch. Aber wenn ich bei Frau Weber Geschi hätte, wäre ich besser.«
»Warum macht der Eichfeld das nur?« überlegt Tobias. »Eigentlich ist der doch dämlich. Wenn er leichte Arbeiten schreiben ließe, hätte er gute Zensuren und brauchte sich nicht zu ärgern. Wir wären auch mit ihm zufrieden, weil unsere Noten besser wären. Total easy! Aber nein, er muß seine Sachen beinhart durchziehen!«
»Spricht es nicht für ihn, daß er sich seine Arbeit nicht leichtmachen will?« Dieses Gespräch geht mir langsam an die Nieren. »Man hat als Lehrer doch auch einen pädagogischen Anspruch!«
»Papperlapapp!» Von solchen blassen Theorien hält Tobias nicht viel. »Lehrer sind einfach bestußt, das ist es!«
»Nein«, antworte ich mit Nachdruck. »Die Schüler sind es. Die Schüler sind einfach bestußt.«
Gesa und Tobias bekommen den Mund nicht wieder zu, und ich beginne mich an dieser Feststellung zu erwärmen. »Ja, wirklich, Schüler sind bestußt. Dumm, faul und frech. Und daß sie dann noch die Schuld für ihre Mißerfolge den Lehrern in die Schuhe schieben, ist der Gipfel.« Und damit mein bedeutsamer Monolog nicht mißverstanden wird, füge ich noch hinzu: »So wie ihr.«
Die Meinung meiner Kinder von den Lehrern im allgemeinen und bestimmten Exemplaren dieser Spezies im besonderen hat sich damit zwar eher gefestigt als zerstreut, aber ich erwärme mich an dem wunderbaren Gefühl, endlich einmal etwas Wichtiges gesagt zu

haben. Etwas, das Eindruck gemacht hat und verstanden worden ist. Wahrscheinlich gerade deshalb, weil es so wunderbar banal war. Vielleicht sollte ich mich aus den Wolkenbildern alter Lehrmeinungen zurück auf die Banalitäten besinnen. Das eigentliche Leben spielt sich eben häufig in Binsenwahrheiten ab.
Noch voll von der beispielhaften Bedeutungslosigkeit meiner Erkenntnis rufe ich bei Franks Eltern an. Während ich die Nummer wähle, schicke ich ein Stoßgebet zum Himmel, daß Frank nicht am Apparat sein möge. Wahrscheinlich würde ich dann feige den Hörer auf die Gabel zurücklegen.
Aber Frank meldet sich nicht. Eine weibliche Stimme, müde und blaß, sagt: »Hallo?«
»Spreche ich mit Frau Bilke?«
»Wer ist denn da?«
Obwohl ich immer noch nicht definitiv weiß, wer am anderen Ende der Leitung ist, beginne ich mein Anliegen zu erläutern, in der Hoffnung, daß meine Gesprächspartnerin dann bereit sein wird, ihr Inkognito zu lüften.
»Ach, Sie sind es.«
Wenn meine Schilderungen von ihr in vertraute Zusammenhänge gesetzt werden können, muß sie Franks Mutter sein.
»Ich würde gern mit Ihnen sprechen, Frau Bilke.«
»Meinetwegen. Sprechen Sie.«
»Ich würde es lieber persönlich tun.«
Am anderen Ende bleibt es still.
»Darf ich Sie besuchen?«
»Wenn es sein muß.«
»Nein, es muß nicht sein. Aber wenn wir beide bei Frank etwas bewirken wollen, wäre es sicherlich sinnvoll.«

»Meinetwegen.«
»Morgen nachmittag?«
»Nein, morgen geht es nicht.«
»Übermorgen?«
»Na gut, übermorgen.«
»Gegen vier?«
»Meinetwegen.«
»Danke, Frau Bilke, auf Wiederhören.«
Aber die Leitung ist bereits tot. Ich lausche noch einige Augenblicke auf das ferne Knacken, als könnte es von Frau Bilke verursacht worden sein, dann lege ich auch auf. Das Unbehagen, das mich ausfüllt, ähnelt dem Gefühl, das mich erfaßte, als ich in Franks Schreibblock die Hakenkreuze entdeckte.

Mittwoch

Engagierte Eltern gefordert

Der Katholische Elternverband (KED) hat die Eltern von schulpflichtigen Kindern zu mehr Mitarbeit in der Ausbildung ihrer Sprößlinge aufgefordert. Sie müßten sich bei erzieherischen Fragen einmischen und das Feld nicht nur den Lehrern überlassen, hieß es gestern in einer Mitteilung des KED-Bundesvorsitzenden. Nur durch mehr Demokratie in den Schulen könnten Erwachsene für eine optimale Ausbildung für ihre Kinder sorgen.

Westfälische Nachrichten, Münster

Engagierte Eltern, nun gut! Kein harmloser Zeitungsleser wird bei einer solchen Meldung daran denken, daß das Engagement von Eltern oft von sehr zweifelhafter Qualität ist. Engagiert nennen sich Eltern nämlich auch dann, wenn sie jede Maßnahme des Lehrers boykottieren, die Kinder Tag für Tag zu Widerspruch auffordern – »Laß dir nichts gefallen!« – und von Demokratie in den Schulen nur dann sprechen, wenn ihre Kinder machen dürfen, was sie wollen, und niemand sie in ihrer Sensibilität verletzt, indem er etwa ihre kindliche Spontaneität hemmt. Hat der Lehrer dann auf die besondere Empfindsamkeit des Kindes und seinen kreativen Erlebnishunger ausreichend Rücksicht genommen, dauert es jedoch im allgemeinen nicht lange, bis die Eltern zu lamentieren beginnen, weil es dem Lehrer nun offensichtlich an Durchsetzungsvermögen mangelt. Warum sonst gelingt es ihm nicht, die Kinder zu disziplinieren und zu der regelmäßigen Arbeit anzuleiten, die Grundlage für jeden Erfolg ist?

Auch Herr Winkelmann wird seiner Frau, dem Briefträger und dem Metzger erzählt haben, daß sein Sohn nur deswegen Probleme in der Schule hat, weil dessen Lehrerin intolerant ist, lustlos ihrem Beruf nachgeht und kein Verständnis für die übermütigen Jugendlichen aufbringt. »Wir waren doch alle mal jung!«

Während der Fahrt zur Schule halte ich Herrn Winkelmann eine verspätete, dafür aber um so eindrucksvollere Ansprache. Und als ich aus dem Auto steige, ist der Zorn auf ihn und seine Nachkommen prompt wieder ins Lodern geraten. Ich bin sicher, daß ein diabolisches Lächeln meine Lippen umspielt, während ich mir ausmale, wie es sein wird, wenn ich Herrn Winkelmann die Hände auf dem Rücken fesseln und ihn und seine Hose

dem gemeinsamen Schicksal überlassen werde. Dann jedoch fällt mir mein Schulleiter ein, und ich hoffe für Winkelmann und für mich, daß es nie wieder zu einer Begegnung kommen wird.
Hofaufsicht ist unbeliebt. Erst recht die Aufsicht vor der ersten Schulstunde, die einen zwingt, eine Viertelstunde früher als sonst aufzustehen. Frierend drücke ich mich in den hochgeschlagenen Kragen meines Mantels, schlage die Arme übereinander, wandere bedächtig, Schritt für Schritt, über den Schulhof. Am Eingang des Lehrerparkplatzes vorbei, zur Turnhalle, zum Eingangstor und wieder zurück. Vor ein paar Jahren noch wurde den weiblichen Lehrern die Hofaufsicht nicht zugemutet. Die männlichen Kollegen, damals noch Kavaliere der alten Schule, übernahmen selbstverständlich diese Pflicht, ließen sich bereitwillig naßregnen und durchfrieren und fochten mittels Schulterbreite und dröhnender Baßstimme viel erfolgreichere Kämpfe gegen aufmüpfige Schüler, als das von einer zarten Frau erwartet werden konnte. Dafür wurde das schwache Geschlecht natürlich genauso selbstverständlich zum Kaffeekochen abgestellt. Dann jedoch kam die Emanzipation, und die Frauen weigerten sich fortan, widerspruchslos diese Tätigkeiten zu verrichten, die als typisch weiblich galten. Die Männer wurden von da an also in den Rhythmus der Kaffeemaschinenbedienung einbezogen. Kein Wunder, daß sie nur wenig später auf ihre eigene Emanzipation pochten und die Frauen zur Hofaufsicht verpflichteten. Jeden Mittwochmorgen frage ich mich, ob wir Frauen eigentlich klug gehandelt haben, als wir auf Gleichstellung bestanden.
Die Schüler sickern in den Schulhof. Zuerst die Fahrschüler, die im Zug noch eine Mütze Schlaf genommen

haben, dann die Radfahrer, die ihren Parcours durch die Schülergruppen bewältigen wie einen Wettbewerb, in dem es auf Schnelligkeit, Waghalsigkeit und akrobatische Fähigkeiten ankommt. Und schließlich, wenn der Zeiger der Schuluhr der Acht bedenklich nahekommt, der Troß der Fußgänger und Schulbusinsassen, der stets in großen, lärmenden Gruppen einfällt. Die Dimension des Hofes scheint ihnen angst zu machen, denn sie drängeln sich mit Vorliebe im Haupteingang, so daß die letzten nur noch mit Mühe passieren können, oder am Eingang des Lehrerparkplatzes, wo bei jedem einfahrenden Auto die soziale Ungerechtigkeit beklagt wird.
»Der mit seinem Bonzenschlitten, und unsereins ...?«
Und dann natürlich die, die auf den Eingangsstufen hocken und den Eindruck erwecken, als könnten sie es nicht erwarten, ins Schulgebäude eingelassen zu werden, aber nach dem Klingelzeichen erst Dutzende von Mitschülern über sich hinwegsteigen lassen, ehe sie sich von den Stufen erheben.
Wieder fällt mir die Zeitungsmeldung von gestern morgen ein. 80 Prozent der Schüler gehen bewaffnet in die Schule. Demnach sind in der Gruppe von sieben Schülern, die soeben durch den Haupteingang schlendern, mindestens fünf bewaffnet. Immer noch kann ich dieses Mißverhältnis nicht ermessen. Sind bei der Erhebung vielleicht Gegenstände mitgezählt worden, die lediglich als Waffe mißbraucht wurden? Füller, Lineale, Papierscheren?
Im hinteren Bereich des Schulhofs, nahe der Turnhalle, sehe ich zwei Schüler miteinander sprechen. Beschwörend redet der Junge auf das Mädchen ein, bekräftigt seine Erklärungen mit den Händen, die mal zum Arm

des Mädchens, mal um seine Schulter oder um seine Taille greifen.
Ich kenne den Jungen. Ilhan ist wie Belgin ein Kind türkischer Gastarbeiter, hier geboren und aufgewachsen. Ein temperamentvoller Bursche. Ich habe vor kurzem in der Klasse, der Ilhan angehört, einen kranken Kollegen vertreten und bei dieser Gelegenheit eine Kostprobe seiner Macho-Allüren bekommen.
Das Mädchen versucht sich zu entziehen, weicht jeder Berührung aus und scheint nicht zu bemerken, daß sie auf diese Weise immer weiter in den Schulhofbereich gedrängt wird, der menschenleer ist. Ich beobachte die beiden angestrengt. Wird das Mädchen belästigt, oder ist das, was aus der Ferne wie Zudringlichkeit aussieht, nur ein romantisches Geplänkel? Andererseits – wenn die Untersuchung, die jener Zeitungsmeldung zugrunde liegt, neben den tatsächlichen Waffen alles erfaßt hat, was wie ein Kriegswerkzeug benutzt werden kann, dann ist jeder junge Mann mit einer Waffe besonderer Art ausgestattet . . .
Unsinn! Ich weise mich zurecht. Jetzt geht die Phantasie mit mir durch. Will ich nun in allem, was von der Regel abweicht, den Anschein anarchischer Gewalttätigkeit entdecken? Das Erlebnis mit Frank hat anscheinend meinen Instinkt verunsichert.
Ich zähle zehn Schritte in die entgegengesetzte Richtung und zehn zurück. Da sehe ich, wie Ilhan das Mädchen hinter ein Gebüsch zieht, das die rückwärtige Seite der Turnhalle von benachbarten Gärten abgrenzt. Jetzt bin ich sicher, da stimmt etwas nicht!
Ich sehe mich um, denn kollegialer Beistand wäre mir bei dem, was auf mich zukommen mag, sehr lieb. Doch kein Kollege ist in Sicht. Vor einer der Schultüren hat

sich eine Gruppe zusammengeballt, in der erregt diskutiert wird. Weitere Schüler drängen sich in diese Ansammlung, schließen sich fest in den Kreis. Auf mich achtet niemand. Wie ein Detektiv, dessen Profession auf den ersten Blick an seiner zur Schau gestellten Gleichgültigkeit zu erkennen ist, bewege ich mich auf die Turnhalle zu. Als ich in der Nähe der Sträucher angekommen bin, vor denen ich Ilhan und sein mutmaßliches Opfer das letztemal gesehen habe, höre ich Geräusche. Bruchstücke einer Mädchenstimme, dann die tiefe, drängende Männerstimme. Ich habe mich also doch nicht getäuscht! Dieses Mädchen wird von dem jungen Türken attackiert!
Gewaltsam teile ich das dicht verzweigte Gestrüpp, dränge mich an stacheligem Blätterwerk vorbei – bis ich vor den beiden stehe, die sich erschrocken an die Wand der Turnhalle drücken.
»Was geht hier vor?«
Ilhan hat seinen Schrecken schnell überwunden. »Sind Sie von der Sitte?« Grinsend zieht er seine Hand unter dem Rock des Mädchens hervor.
Ich versuche, seinen Spott zu ignorieren. »Hat er dir etwas getan?« frage ich das Mädchen, das mit großen Augen dasteht und sich bis jetzt nicht gerührt hat.
Doch nun kommt Leben in sie. Provozierend langsam knöpft sie ihre Jacke zu. »Leider nicht«, antwortet sie mürrisch. »Da werden wir's wohl in der Pause noch einmal versuchen müssen.«
Sprachlos stehe ich da, während sich die beiden eng umschlungen an mir vorbeidrücken, zurück auf den Schulhof.
Kaum sind sie wieder in Sichtweite der anderen, versucht das Mädchen erneut, sich aus Ilhans Armen zu

winden. Aber erst jetzt merke ich, wie sie darauf wartet, daß er wieder zugreift, und keinerlei Kraft einsetzt, um ihn wirklich abzuwehren.
Als ich mich zurück durch das Gebüsch dränge, dreht Ilhan sich um. »Gestern dachte ich, Sie stehen auf der Seite der Türken. Aber das ist es gar nicht. Sie sind ein Männerfeind! Sie stehen auf seiten der Frauen.«
Ich höre das Mädchen kichern. »Dabei soll sie doch verheiratet sein.«
Mein Zorn ist so groß, daß ich ihn wie eine verzweifelte Müdigkeit empfinde. Ich zwinge mich, den Blick von dem Paar zu nehmen, das – wieder völlig vertieft in seine Romanze – vor mir herwandert, als wäre nichts geschehen. Ihr Gleichmut, diese Teilnahmslosigkeit fremden Empfindungen gegenüber, bestürzt mich immer wieder aufs neue. Ich beschließe, ihnen nicht zu folgen, obwohl in diesem Augenblick das Klingelzeichen ertönt. Ich brauche einen räumlichen und zeitlichen Abstand von den beiden, die an diesem Morgen die Verkörperung einer weiteren Niederlage sind. Als die beiden auf eine Schülergruppe zugehen und kichernd zu berichten beginnen, während ihre Köpfe zu mir zurückweisen, ändere ich die Richtung und gehe zum Eingang des Lehrerparkplatzes, als gehörte seine Inspektion zu den Pflichten meiner Hofaufsicht. Nur ein paar Schritte und ich sehe ihn stehen – den BMW mit der Heckflosse. Da hat also Damian die Zeit, in der ich ein Mädchen vor der sicheren Vergewaltigung zu retten glaubte, für seine Zwecke genutzt. Eigentlich müßte ich jetzt meine Drohung wahrmachen und die widerrechtlich abgestellte Potenzbürste abschleppen lassen. Habe ich Damian nicht oft genug diese Konsequenz angekündigt? Und habe ich mir nicht, wenn er sein anmaßendes Lächeln

aufsetzte, geschworen, meine Drohung wahrzumachen, wenn ich jemals wieder die Potenzbürste auf dem Lehrerparkplatz entdeckte?

Die Müdigkeit jedoch hält mich davon ab. Oder ist es schon Resignation? Befinde ich mich bereits auf dem Wege, der den farbigen Wunsch, etwas zu verändern, mit der fahlen Erkenntnis verbindet, daß nichts wirklich veränderbar ist? Vielleicht wandere ich diesen Weg bereits seit zwanzig Jahren, ohne es zu wissen? Bin jetzt an einer Biegung angekommen, an der ich sowohl zurück zum Ausgangspunkt als auch hin zum Ziel blicken kann? Eine Einbahnstraße! Alle, alle folgen sie mir oder laufen mir voraus. Nicht einer kommt mir entgegen!

Wütendes Geschrei reißt mich aus meinen trüben Gedanken. Die Gruppe der Schüler, die sich eben noch in hitziger Debatte zusammengerottet hatte, scheint jetzt von einer aggressiven Auseinandersetzung gesprengt zu werden. Aus Argumenten sind Tätlichkeiten geworden, aus Worten Schläge.

Ich laufe los. Merke schon während der ersten Schritte, daß ich zu spät komme. Der Krieg ist bereits ausgebrochen, zum Frieden fehlt die Zeit, mehr als ein Waffenstillstand ist nicht zu erreichen.

Die Gruppe hat sich geteilt in Angreifer, Verteidiger und die, die sich rechtzeitig zurückziehen konnten und nun als Zuschauer die Waage zur einen oder anderen Seite neigen wollen.

»Gib's ihm!«

»Hört auf damit!«

»Haut se, haut se, immer auf die Schnauze!«

»Aufhören! Aufhören!«

»Nein!« In die plötzlich einsetzende Stille schneidet Herrn Hattkämpers Stimme. »Gib das Messer her!«

Carsten steht da wie ein wunder Stier, dessen Kraft zwar geschwächt ist, dessen Angriffslust jedoch immer noch glüht.
»Gib das Messer her.«
Carsten senkt die Hörner, scharrt ein paarmal mit den Hufen – dann reicht er Herrn Hattkämper das Messer. Sofort fällt die eindringliche Gelassenheit von Herrn Hattkämper ab. »Brutaler Kerl!« fängt er jetzt, in der Obhut der Entwaffnung an zu kämpfen. »Hättest du ihn vielleicht niedergestochen? Ihm die Gurgel durchgeschnitten? Weil er nicht deiner Meinung war? Oder weil er dich gereizt hat? Sollen wir so in Zukunft miteinander umgehen? Sollen auch wir Lehrer künftig unsere Argumente mit dem Messer durchsetzen? Dann macht nur schon alle euer Testament!«
Mit einer weiten Armbewegung umfaßt er alle anwesenden Schüler, den Schulhof, das Schulgebäude. »Was glaubt ihr, was geschähe, wenn ich jedesmal, wenn mich jemand reizt, zum Messer griffe? Ich könnte es mir gleich zwischen die Zähne schieben. Brauchte es von acht bis eins gar nicht wieder wegzustecken.«
Herr Hattkämper spricht mir zwar aus der Seele, aber nun fürchte ich doch, daß er sich in Schwierigkeiten schimpft, wenn er so weitermacht. Die Empörung einiger Schüler hat sich mittlerweile deutlich von Carsten weg auf Herrn Hattkämper gerichtet. Ein verbaler Einmarsch von Lehrern wird stets sehr ernst genommen.
Ich greife nach seinem Arm. »Beruhigen Sie sich«, raune ich ihm zu. »Was ist denn eigentlich vorgefallen?«
Hattkämper zuckt die Schultern, atmet ein paarmal tief ein und aus und hat damit seinen Ausbruch überwunden und seine Erregung angeglichen. Seine Stimme ist jetzt genauso leise wie meine. »Es ging zunächst um

Frank und Belgin. Und dann um alle ausländischen Mitschüler. Carsten und Mario wollten sie gleich heute noch von der Schule verbannen ...«
»Mario auch?« Ich sehe mich um.
Hattkämper lacht hölzern. »Der hat sich schnell aus dem Staube gemacht und seinen Schlagring wieder eingesteckt, als es brenzlig wurde.«
Ein Schüler ruft: »Sollen doch diese Nazis nach Hause gehen. Auf die können wir eher verzichten!«
Zustimmendes Gejohle bekräftigt seine Worte. Während Carsten auf seine Fußspitzen starrt, löst sich die Gruppe allmählich auf. Die Tagesordnung liegt in greifbarer Nähe.
Carsten macht kehrt, läuft zu den Eingangsstufen, an denen seine Tasche lehnt, ergreift sie und ist auch schon mit ein paar Sätzen am Eingangstor.
»Carsten, wo willst du hin?« rufe ich hinter ihm her.
»Bleib hier!« brüllt Herr Hattkämper.
Aber Carsten wendet sich nicht um, zögert nicht, läuft weiter, über den Gehweg, auf die Straße. Bremsen quietschen. Mir bleibt das Herz stehen. Aber Carsten ist unversehrt auf der anderen Straßenseite angelangt und setzt den Weg in unverändertem Tempo fort.
»Das hätte noch gefehlt«, murmelt Kollege Hattkämper.
»Wo war die Hofaufsicht?« Tucker erscheint hysterisch winkend in einer der Eingangstüren. Als er uns sieht, kommt er auf uns zugelaufen. »Wo war die Hofaufsicht? Warum konnte die Schlägerei nicht verhindert werden?«
»Ich war hier«, versuche ich ruhig zu erklären, »aber die Schlägerei konnte ich trotzdem nicht verhindern.«
»Außerdem war es gar keine Schlägerei«, ergänzt Herr Hattkämper, »eher eine Messerstecherei. Aber glücklicherweise hat es ja keine Verletzten gegeben.«

»Haben Sie Hofaufsicht?« fragt Tucker Herrn Hattkämper.
»Nein, ich kam nur zufällig vorbei.«
»Ich habe Aufsicht«, erkläre ich noch einmal, aber schon weniger ruhig, »ich befand mich jedoch gerade im hinteren Teil des Schulhofs.«
»Ach ja!« Tucker baut sich vor mir auf, betrachtet mich von oben bis unten, und ich bedaure, mich heute morgen für eine lange, weite Hose entschieden zu haben. »Im hinteren Teil ... Wo Sie einen harmlosen türkischen Jungen der sexuellen Nötigung verdächtigt haben! Glauben Sie denn, alle Türken sind gewalttätige Tyrannen? Wie können Sie sich derart von Ihren Vorurteilen leiten lassen?«
Mir verschlägt es die Sprache. Mit offenem Mund starre ich Tucker an.
»Außerdem sagt der Hausmeister, daß wieder einmal das Auto eines Schülers auf dem Lehrerparkplatz abgestellt worden ist. Auch das konnten Sie nicht verhindern?«
Ich schüttele den Kopf, öffne den Mund ...
»Wissen Sie wenigstens, wem es gehört?«
»Ja.«
»Dann sorgen Sie dafür, daß es entfernt wird.«
Tucker dreht sich um und betrachtet mich noch einmal von Kopf bis Fuß, während ich einen heiligen Eid schwöre, sämtliche Miniröcke noch heute einem karitativen Zweck zu spenden.
Tucker verschafft sich einen glänzenden Abgang. Kerzengerade steigt er vor uns die Treppe hoch, mit einer hölzernen Entschlossenheit, die mich an den Schuldirektor aus der »Feuerzangenbowle« erinnert. Eigentlich fehlen Tucker nur noch der Frack und der rauschende Vollbart.

Herr Hattkämper und ich folgen ihm langsam, schweigend, nachdenklich. Möglich, daß wir uns verhalten wie reuige Sünder und somit Tucker zu dieser aufrechten Haltung verleiten. Welchen Triumph schreibt Tucker eigentlich seiner Autorität gut? Glaubt er wirklich, daß er mit der Feststellung des Schuldigen die entscheidenden Weichen für die Zukunft gestellt hat? Daß die Überführung dessen, der die Tat kraft der ihm zugeteilten Aufgabe hätte verhindern müssen, alle weiteren Ausschreitungen im Keim erstickt hat? Herr Hattkämper, der mangels zugeteilter Aufgabe Schlimmeres verhindert hat, zuckt ergeben die Achseln. Sein Einsatz wäre vielleicht an einem Montag gewürdigt worden, wenn er selbst die Verantwortung für die Hofaufsicht zu tragen hat. Aber heute ist Mittwoch, und mittwochs bin ich dafür zuständig, Schlimmeres zu verhüten.
Wir sehen uns an und beschließen, Tucker als notwendiges Übel hinzunehmen, dessen Abkehr von der pädagogischen Basis ihn immer häufiger zu seltsamen Entscheidungen verleitet. Je weiter er sich von der alltäglichen Arbeit mit den Schülern entfernt, desto erkennbarer setzt er seine Heimkehr in die nostalgische Ferne fort, in der es von respekteinflößenden Autoritäten nur so wimmelt und ein Schuldirektor der König eines kleinen Reiches ist.
Es fällt mir schwer, mich von der einen Höhle gleich in die des nächsten Löwen zu begeben. »Was ich noch sagen wollte . . .«
Die Gruppe, die vor der Klassentür auf mich wartet, ist klein. Da fehlen mindestens acht bis zehn Schüler. »Wo sind die anderen?«
Schulterzucken. »Die kommen noch.«
Ich öffne die Tür und lasse die Schüler eintreten. Als

sich auch der letzte hindurchgedrängt hat, bleiben leere Coladosen, eine zerknüllte Lakritztüte und eine leere Zigarettenschachtel auf dem Boden zurück. Ich bitte Herrn Hattkämper um Geduld und rufe in die Klasse: »Wer seinen Abfall vor der Tür vergessen hat, hole ihn jetzt bitte!«

Die Entgegnung ist immer dieselbe. »Der lag schon da.« Und eine neue Variante: »Wozu gibt's denn Putzfrauen?«

Herr Hattkämper steht an meiner Seite. »Habt ihr zu Hause auch jemanden, der euren Müll wegräumt?«

Einmütiges Grinsen antwortet ihm. »Na, logo!«

Ich winke ab. »Lassen Sie nur.«

Unter Hattkämpers ungläubigen Blicken sammle ich den Unrat ein. »Vielleicht bewirke ich als Vorbild irgend etwas.«

Natürlich bewirke ich rein gar nichts. Denn während ich in die Klasse komme und sehr langsam und demonstrativ den Abfall in den Mülleimer gleiten lasse, nimmt mich niemand zur Kenntnis.

Herr Hattkämper nickt. »Dachte ich's mir doch.«

Also werde ich das nächstemal wieder in langer Diskussion den Verursacher der Schweinerei herausfinden, ihn am Ärmel und mit Argumenten zu seinem Kehricht zerren und ihn zwingen, das wieder aufzusammeln, was er achtlos liegengelassen hat. Manchmal sind es dieselben Schüler, die bei anderer Gelegenheit mit lauten Forderungen für den Umweltschutz daherkommen. Dann, wenn es die »Großen« trifft, die Politiker, die Industrie ...

Ich trete noch einmal gemeinsam mit Herrn Hattkämper vor die Tür. »Was machen Sie eigentlich gegen das Zuspätkommen?«

Herr Hattkämper verzieht die Mundwinkel. »Es wird

von Jahr zu Jahr schlimmer. Der eigentliche Unterricht kann meist erst eine Viertelstunde nach Schulbeginn anfangen, wenn wenigstens die Mehrzahl versammelt ist. Und in der folgenden halben Stunde wird die Arbeit am laufenden Band durch die Nachzügler gestört.«

Wir stehen ratlos voreinander. »Aber was soll man unternehmen?« fragt Herr Hattkämper. »Die Schüler können ja machen, was sie wollen. Sollten wir uns jemals beklagen, werden wir uns noch den Vorwurf gefallen lassen müssen, die Schüler nicht zur Pünktlichkeit erzogen zu haben.« Er nickt düster. »Man kämpft als Lehrer auf verlorenem Posten. Warum nur läßt der Kultusminister uns derart im Stich?«

Ich weiß, was er meint. »Ja, nach und nach ist uns jede direkte Einflußnahme genommen worden. Kein einziges Mittel hat man uns gelassen, mit dem wir auf die Schüler einwirken könnten. Machen wir ihnen Vorwürfe wegen ihrer Unpünktlichkeit, werden wir ausgelacht. Der Vermerk ins Klassenbuch ist eine Sache der Geduldigkeit des Papiers. Auf dem Zeugnis darf die Häufigkeit des Zuspätkommens nicht mehr vermerkt werden, um die armen Kinder und ihre Eltern nicht zu erschrecken, und auf die Benotung darf diese Unzuverlässigkeit auch keinen Einfluß haben. Warum um Himmels willen läßt der Kultusminister die Schule und ihre Schüler so verkommen? Es ist, als setzte jemand kräftige Pflänzchen in die Erde und ließe sie dann mit Unkraut überwuchern.«

»In dem Fall«, sagt Herr Hattkämper bedächtig, »wäre wirklich der Gärtner schuld.«

»Natürlich«, bestätige ich lächelnd. »Er kann ja das Unkraut ausreißen. Wir nicht.«

Denise kommt die Treppe heraufgekeucht. Das einzige,

was bei ihr stets bereitwillig in Bewegung ist, sind ihre Kaumuskeln. Sie schmatzt uns entgegen, öffnet wortlos die Klassenzimmertür und läßt sie mit einem gewaltigen Dröhnen ins Schloß fallen.

»Was mich manchmal ganz krank macht«, sagt Herr Hattkämper, »ist die Gleichgültigkeit dieser Kinder. In der Aktion kann es zwar geschehen, daß sie Stellung beziehen, aber wenn sie vorüber ist, ist auch die Spannung abgelaufen, und sie drehen sich um und gehen zur Tagesordung über. Ich glaube nicht, daß der Streit auf dem Schulhof in einem der Schülerköpfe einen Widerhall gefunden hat.

»Sie haben einen Krimi gesehen«, bestätige ich. »Und nun ist der Fernseher ausgeschaltet worden, weil der Film zu Ende war.«

Mario kommt die Treppe hoch, langsam, unausgeschlafen, träge.

»Ein bißchen flotter, Mario, du bist spät dran.«

Mario läßt sich nicht hetzen. »Sie auch«, grinst er frech. »Im Unterricht sind Sie jedenfalls noch nicht.«

Ich schließe die Tür hinter ihm. Das Geschehen auf dem Schulhof läßt mir noch keine Ruhe. Auch Herr Hattkämper kann sich noch nicht entschließen, sich seiner Klasse und der ersten Unterrichtsstunde zuzuwenden.

»Glauben Sie nicht auch«, fragt er, »daß das Fernsehen sich mitschuldig macht? Über die Mattscheibe flimmert zuviel Gewalt. Das stumpft ab gegen die Leiden der Opfer und erzeugt langfristig eine Gewaltbereitschaft unter den Jugendlichen.«

Ich zögere. »Vielleicht haben Sie recht. Andererseits – manchmal habe ich das Gefühl, daß man nur nach einem Sündenbock sucht für das, was momentan geschieht. Die Gewalt auf dem Schulhof kennen wir doch schon länger als die rechtsextremen Ausschreitungen. Ich glaube, daß die Gründe dafür auch in der Anonymität unserer Gesellschaft liegen. Viele Menschen leben derart anonym, daß sie keiner sozialen Kontrolle mehr ausgesetzt sind und sie auch nicht ausüben. In der Großstadt fehlen oft die sozialen Rahmenbedingungen, wodurch menschliche Kontakte mehr und mehr verlorengehen.«

»Sie meinen, die Gewalttätigkeit ist nichts als asoziales Verhalten?« fragt Herr Hattkämper.

Elke trottet den Flur entlang. »Scheiß-Ampeln«, sagt sie. »Alle rot.«

»Natürlich gibt es für diese Auswüchse mehr als einen einzigen Grund«, fahre ich fort. »Schuld werden auch die ökonomischen Bedingungen sein, die sich derzeit nun mal verschlechtern. Das kennen wir doch aus unserer Geschichte, daß sich in solchen Zeiten rechte Gruppierungen besonderen Zulaufs erfreuen.«

Herr Hattkämper wiegt den Kopf. »Vielleicht hatte Aristoteles doch recht.«

Ich sehe ihn fragend an. Mir ist schleierhaft, was Aristoteles zu diesem Thema gesagt hat.

»Aristoteles hat gesagt«, doziert Herr Hattkämper, »daß die Darstellung von Gewalt sogar eine positive, reinigende Wirkung haben kann.«

Ich denke darüber nach, während Norbert den Gang entlangtrottet und seinen Schritt geringfügig beschleunigt, als er Herrn Hattkämper und mich vor der Klassenzimmertür stehen sieht.

»Paragraph acht!« rufe ich Norbert entgegen. »Der Schüler ist verpflichtet, pünktlich am Unterricht teilzunehmen.«

»Hab verschlafen.«

»Paragraph neun!« werfe ich zurück. »Die häufig vorgetragene Entschuldigung, man habe verschlafen, kann das eine oder andere Mal akzeptiert werden, auf die Dauer rechtfertigt es jedoch nicht einen verspäteten Schulbesuch.«

»Wunderbar«, sagt Herr Hattkämper, als Norbert im Klassenzimmer verschwunden ist. »Aber was geschieht, wenn er in den nächsten drei Wochen weitere fünfzehnmal verschläft? Dazu gibt die ASchO natürlich keine Auskunft, oder?«

»Fragen Sie den Kultusminister.« Ich öffne die Tür zum Klassenraum. »Er wird Ihnen erklären, daß Sie pädagogisch versagt haben. Nicht den Schüler trifft die Schuld und auch nicht die pflichtvergessenen Eltern – nein, der Lehrer hat versagt. Wetten?«

»Wette gewonnen«, entgegnet Herr Hattkämper. Und geht zu seiner Klasse, die soeben beginnt, die Jacken, die an der Garderobe des Nachbarraums hängen, die Treppe hinunterzuwerfen.

Die Darstellung von Gewalt soll eine positive, reinigende Wirkung haben? Aristoteles hat meine Schüler nicht gekannt. Außerdem ist diese Wirkung so schwer nachzuweisen. Eine unterlassene Gewalttat kann man nicht sehen und für die Statistik zählen. Dazu eignen sich eben nur begangene Straftaten.

Ich habe gerade die Tür hinter mir ins Schloß gezogen, da wird sie von außen wieder aufgerissen. Der Hausmeister steht vor mir. »Wieso sitzt eigentlich jeden Morgen dieser Lümmel im Pausenkeller und holt sich einen Cappuccino nach dem anderen aus dem Automaten?«

»Welchen Lümmel meinen Sie?« frage ich zurück und zeige in die Klasse. »Ich habe schließlich ein gutes Dutzend davon.«

Wütendes Protestgeschrei macht die Fortsetzung des Gesprächs zunächst unmöglich. Nachdem auch die Mädchen ihr schadenfrohes Gekicher eingestellt haben, frage ich weiter: »Wie sieht er denn aus?«
Die Beschreibung, die der Hausmeister liefert, paßt haargenau auf Damian. Ich schiebe unseren Pedell wieder auf den Flur zurück. »Der sitzt jeden Morgen im Pausenkeller?«
Der Hausmeister nickt. »Er läßt sich auch nichts sagen. Behauptet, es gehe mich nichts an, wann er am Unterricht teilnehmen wolle. Ob schon in der ersten oder erst in der zweiten Stunde.«
Ich überlege, ob es Sinn hat, in den Pausenkeller hinabzusteigen und Damian heraufzuholen. Meine Wut über seine Kaltschnäuzigkeit ist groß, aber meine Sorge, daß er sich einfach weigern könnte, mit mir zu kommen und auf seinen Cappuccino zu verzichten, ist größer. Mein Bedarf an Niederlagen ist für heute gedeckt.
»Ich habe seinen Vater in meine Sprechstunde bestellt«, erkläre ich dem Hausmeister.
Der scheint von dieser Tatsache keine Lösung des Problems zu erwarten. »Vielleicht sprechen Sie besser mit der Mutter. Ein so arroganter Bengel kann doch nur einen ebenso arroganten Vater haben. Seine Mutter wird sicherlich einsichtiger sein.«
Die Philosophie des Hausmeisters reizt mich zum Lachen. »Ich weiß nicht, ob diese Faustregel sehr verläßlich ist. Aber unter uns . . . Ich habe mich auch schon gewundert, daß der Vater in die Sprechstunde kommen will. Er ist nämlich ein vielbeschäftigter Gynäkologe. Doch wer weiß – möglicherweise ist die Mutter mit ihren Bridge-Partys und den Golfturnieren, die sie organisiert, noch ambitionierter.«

Ich nehme mir das Klassenbuch vor und setze hinter jeden Namen das Zeichen für Anwesenheit, Abwesenheit oder Verspätung.
»Nehmt schon mal eure Bücher hervor!« versuche ich gegen die rund zwei Dutzend lautstark geführten Dialoge anzuschreien. »Ihr sollt die Bücher hervorholen!«
Rita ist die einzige, die meine Anordnung zur Kenntnis nimmt.
»Ruhe!« Meine Stimme überschlägt sich wieder einmal, dennoch muß ich mein Signal noch dreimal wiederholen, ehe sich der Lärm so weit gelegt hat, daß ein weiterer Satz von allen Schülern verstanden werden kann.
»Nehmt bitte die Bücher hervor. Und auch eure Hefte.«
Wieder setzt der Lärm ein, diesmal begleitet vom Scharren der Stühle, Füße und Taschen, von Plastiktütengeknister und den kurzen, heftigen Schüssen, die von Büchern verursacht werden, die aus einem halben Meter Höhe flach auf den Tisch fallen.
Ein Punkt für die Anwesenden, ein senkrechter Strich für die Fehlenden, ein quer darübergelegter für den Fall, daß aus der Abwesenheit ein verspätetes Erscheinen wird. Das Klassenbuch sieht aus wie ein historisches Pergament, voll mit ominösen Zeichen. Kaum ein Name, hinter dem eine vollständige Punktreihe steht. Tag für Tag erscheinen hinter etlichen Namen die unerwünschten Kreuze. Morgen für Morgen entsteht in diesem Klassenbuch ein kleiner Friedhof, Kreuz an Kreuz. Zu Grabe getragen der alte, von Siechtum befallene Wert der Pünktlichkeit. Wird die Welt in Zukunft ohne ihn auskommen müssen? Oder gibt es jemanden, der bereit ist, das Werk des Verblichenen in Ehren zu halten? Ich sehe meine Schüler an. Nein, es ist keiner in Sicht.

»Hinter Carstens Namen gehört aber ein Punkt«, sagt Birgit.
Ich sehe mich fragend um. »Warum? Ich sehe Carsten nicht.«
»Er war aber da.«
»Jetzt ist er es jedenfalls nicht mehr. Eine Prügelei auf dem Schulhof stimmt nicht überein mit der Anwesenheit im Unterricht.«
Danach muß ich das kurze Gespräch mit Birgit, der Klassensprecherin, aufgeben, weil es uns beiden nicht mehr gelingt, gegen den Lärm der anderen anzureden. Wieder muß ich dreimal »Ruhe!« in die Klasse brüllen, ehe ich mir das Gehör aller verschaffen kann, die der Meinung sind, daß Birgits Einwand sie nichts angeht und die Klassensprecherin also selber sehen soll, wie sie sich mit mir verständigt. »Ruhe!«
»Mein Gott, schreien Sie doch nicht so«, sagt Norbert.
»Wer schreit, hat unrecht«, kreischt Mario dazwischen.
Ich lobe ihn für seine Bildung und Lebenserfahrung und mache ihn darauf aufmerksam, daß seine Kommentare in der Regel nichts als entbehrliches Gelärme sind. Das schadenfrohe Gelächter der Klasse verleitet Mario gleich zu einem weiteren lautstarken Ausbruch. »Alles Hirnis hier!«
Die Bezeugungen von Beifall und Unwillen halten so lange an, bis ein weiterer Großeinsatz meiner Stimmbänder für Ruhe sorgt.
Ich poche mit meinem Stift auf das Klassenbuch. »Im Schnitt kommen sechs bis acht Schüler täglich zu spät. Warum ist es nicht möglich, daß ihr einmal alle pünktlich in der Schule seid?« Zwei Dutzend Augenpaare sehen mich an, als hätte ich verlangt, sich jeden Morgen um acht zum Gebet zu versammeln.

»Man kann doch mal verschlafen«, wagt Birgit einen Einwurf.
»Mal – ja. Aber nicht dreimal pro Woche.«
»Wenn aber alle Ampeln rot sind«, mault Elke.
Meine innere Ruhe war wieder einmal nichts als ein Nickerchen auf einem Katapult, das nun seine ureigene Funktion erfüllt. Es katapultiert meine Geduld mit Schallgeschwindigkeit in eine Hochspannungsleitung.
»Versetzt euch einmal in meine Lage«, versuche ich meine Stimme noch einmal zu mäßigen.
Aber als ich sehe, wie Denise herzhaft gähnt, mit weit aufgerissenem Mund, und Elke ihren Kopf auf die Tischplatte legt, als vermute sie einen dieser langweiligen Appelle, die man am besten am Rande eines kleinen Dämmerschlafs übersteht, gelingt es meinem Naturell nicht mehr, auf die mahnende Stimme meines pädagogischen Gewissens zu hören.
»Könnt ihr das überhaupt? Seid ihr eigentlich noch in der Lage, an etwas anderes zu denken als an eure persönlichen egoistischen Bedürfnisse?«
Wütendes Gebrumm ist die einzige Reaktion.
Ich sehe auf die Uhr. »Nun sind bereits zwanzig Minuten der Stunde vergangen . . .«
»Weil Sie vor der Tür so lange mit Ihrem Kollegen geflirtet haben«, wirft Mario ein.
Der Heiterkeitsausbruch ist beispiellos. Daß jemand mit mir, einer steinalten Frau von über vierzig, einen Flirt beginnen könnte, scheint so absurd zu sein, als hätte die eigene Oma sich zum Disco-Besuch herausgeputzt.
Ich lasse die Brandung des Frohsinns über mich hinwegschwappen und versuche es noch einmal. »Nun sind bereits zwanzig Minuten vergangen, und ich möchte sicherstellen, daß wir den Rest der Stunde ungestört

arbeiten können.« Ich habe meinen Schlüssel schon in der Hand.

»Aber da kommen doch noch welche«, ruft Birgit entgeistert.

»Eben«, entgegne ich ungerührt. »Und von denen will ich mich nicht stören lassen.«

Kaum hat sich der Schlüssel im Schloß gedreht, rüttelt der erste an der Klinke. Leider mache ich die trübe Erfahrung, daß dieser Lärm nicht viel weniger stört als das Eintreten eines Nachzüglers, das Ausziehen der Jacke, das Rücken des Stuhls, das Auspacken der Tasche, die Frage an den Nachbarn, was denn gerade Sache sei... Und die Spannung, unter der die Klasse aufmerkt und sich fragt, was nun passieren mag, unterbricht die Konzentration auf den Unterrichtsstoff in ähnlicher Form wie die Ablenkung durch einen Vorgang, der sich im Raum selbst abspielt. Trotzdem erwärme ich mich bei jedem Rütteln an der Türklinke an dem wohltuenden Gedanken, selbst etwas in Gang gesetzt zu haben. Fernab der ASchO und dem strengen Blick meines Schulleiters.

Außerdem hat sich in mir eine verschmitzte Idee eingenistet, mit der ich allen ein Schnippchen schlagen werde.

»Über das, was wir gerade besprochen haben, schreiben wir in der nächsten Stunde einen kleinen Test«, verkünde ich am Ende der übrigen 25 Minuten.

Der übliche Unwille schlägt mir entgegen. Birgit jedoch, als einzige, hat meine Heimtücke entlarvt. »Das tun Sie nur, um die, die zu spät gekommen sind, fertigzumachen.«

»Ich mache niemals jemanden fertig«, behaupte ich mit der erzwungenen Ruhe eines zu Unrecht beschuldigten

Täters. »Ist es mein Problem, wenn jemand durch Unpünktlichkeit Wesentliches versäumt?«
»Hätten Sie die Tür nicht abgeschlossen, hätten die da draußen nicht viel verpaßt.«
»Aber wir wären fünf- bis sechsmal unterbrochen worden und hätten nicht den Stoff geschafft, über den der Test geschrieben wird.«
Ich schließe die Tür auf und lasse die Nachzügler herein. Ihre Empörung prallt mir entgegen. »Wir haben im Sekretariat Bescheid gesagt, daß Sie uns nicht hereinlassen!«
»Ich habe ein Recht auf Unterricht!«
»Und ich habe ein Recht auf eure Pünktlichkeit.«
»Was? Ein Test? Schikane!«
»Typisch! Voll heimtückisch, diese Kiste! Für eine Petze echt typisch!«
Eigentlich wollte ich mich auf keine Diskussion einlassen. Aber das muß ich jetzt wissen. »Was meinst du mit Petze?«
»Ist doch logo! Den Frank haben Sie fertiggemacht, Carsten haben Sie auch vergrault, und nun wollen Sie uns auch noch fertigmachen. Lehrer sind Sklaventreiber. Allesamt.«
»Also, hört mal ...« Die Situation ist im Begriff zu eskalieren. Wenn ich sie jetzt nicht rette, wird sie gesprengt, und wer weiß schon, wie sich eine solche Detonation auswirken wird.
»Meinetwegen können wir den Test auch erst in der übernächsten Stunde schreiben. Vorausgesetzt, ihr seid in der nächsten alle pünktlich, können wir in Ruhe wiederholen ...«
»Ach! Nun plötzlich?«
»Und wenn's irgendwo Stromausfall gibt und mein Digi-

talwecker nicht anspringt, kann ich mich schon auf eine Fünf einrichten, was?«
»Klasse abschließen! Ist ja wohl unterirdisch!«
Ehe ich einen weiteren Vorschlag zur gütlichen Einigung unterbreiten kann, erscheint die Schulsekretärin auf der Bildfläche. »Telefon! Es ist dringend.«
Auf dem Flur frage ich sie vorsichtig: »Hat der Chef mitbekommen, daß ich die Nachzügler ausgesperrt habe?«
Die Sekretärin schüttelt den Kopf. »Nein, das habe ich verhindert. Eigentlich wollten die Schüler zum Direktor, um sich zu beschweren. Aber ich habe gesagt, daß er nicht da ist.«
»Danke. Das war nett von Ihnen.«
»Ich kann Sie gut verstehen«, erklärt die Sekretärin. »Ich würde mich auch ärgern über die vielen Schüler, die zu spät kommen. Ich sehe sie doch oft die Treppe heraufsteigen. Eine Viertelstunde zu spät, aber ohne die geringste Eile. Da trotten sie über den Gang, unterhalten sich noch in aller Ruhe mit einem anderen Zuspätkommenden . . . Die haben kein schlechtes Gewissen, da scheint es nicht das geringste Unrechtsbewußtsein zu geben. Und niemand darf ihnen einen Vorwurf machen. Aber wehe, es geht einmal anders herum!«
Ich nicke dankbar. »Legen Sie das Telefongespräch in die Lehrerbibliothek?«
Carstens Mutter ist am anderen Ende. »Was haben Sie mit meinem Sohn gemacht?« Ihre Stimme wird von stoßweisem Atem unterbrochen, so, als litte sie unter einer großen körperlichen Anstrengung. »Carsten ist angegriffen worden.«
»Ich glaube nicht, daß er angegriffen worden ist. Vermutlich hat man ihn provoziert. Aber er war es, der schließlich ein Messer zückte.«

»Mein Carsten? Niemals!«
»Frau Hausmann, dafür gibt es Zeugen.«
»Wollen Sie meinen Sohn in eine politische Ecke drängen? Brauchen Sie einen Sündenbock?«
Ich ringe nach Luft. »Frau Hausmann, ich habe das Gefühl, wir sprechen über verschiedene Ereignisse. Carsten war kein Opfer, sondern potentieller Täter. Und Sie sollten froh sein, daß mein Kollege rechtzeitig verhindert hat, daß er wirklich zum Täter wurde.«
»Ihr Kollege? Meinen Sie den, der Carsten so rüde beschimpft hat?«
»Er hat Ihrem Sohn in sehr deutlichen Worten klargemacht, was er davon hält, wenn zur Durchsetzung von Meinungen ein Messer gezogen wird.«
»Reden Sie doch nicht immer von diesem Messer! Es gab kein Messer! Niemals würde Carsten ein Messer bei sich tragen. Er traut sich ja nicht einmal ans Küchenmesser heran, um Kartoffeln zu schälen.«
»Das könnte auch daran liegen, daß er zum Kartoffelschälen keine Lust hat.«
Diesen Einwurf überhört Frau Hausmann. »Er ist so ein sensibles Kind. Die Worte Ihres Kollegen haben ihn schwer getroffen. Er sitzt nun hier und weint bitterlich. Auf keinen Fall will er sich wieder auf den Weg zur Schule machen.«
»Schreiben Sie ihm eine Entschuldigung. Er ist dann für heute vom Unterricht befreit.«
»Sie müssen mir aber versprechen, daß diese rohen Sitten ein Ende haben.« Die Stimme, die ihre Kraft aus einem wogenden Busen zu nehmen scheint, wird nun weinerlich. »Ein weicher Junge wie mein Carsten wird damit nicht fertig.«
Ich versuche es noch einmal. »Die rohen Sitten, von

denen Sie sprechen, werden von den Jugendlichen selbst in die Schule getragen. Und bitte, Frau Hausmann, öffnen Sie die Augen für die Tatsache, daß Ihr Sohn sich mit einem Messer bewaffnet hat. Das läßt sich nicht bestreiten.«
Die vollbusige Stimme keucht empört. »Anscheinend hat Carsten wirklich recht, wenn er sagt, daß die Lehrer so ungerecht sind. Ständig wird dem armen Jungen etwas unterstellt, was er nicht getan hat. Wie konnte er auch sonst eine Vier in Deutsch bekommen? Der Junge hat ein ausgeprägtes Verständnis für Sprache.«
Ich denke an Carstens Unterrichtsbeiträge, die selten über »Scheiße« und »Ätzend« hinausgehen. »Über die Vier in Deutsch sollten Sie sich freuen, Frau Hausmann. Bei einem besseren Leistungsstand der Klasse hätte Carsten wahrscheinlich eine Fünf aufs Zeugnis bekommen.«
Der wogende Busen scheint kurz vor einer Explosion zu stehen. »Und das nur wegen der letzten Arbeit, die Sie mit Sechs benotet haben. Dabei hatte der arme Junge gar nicht gemogelt. Sein Nachbar ist es gewesen. Der hatte Carsten etwas gefragt, und mein Sohn in seiner Gutmütigkeit ...«
»Sie irren sich, Frau Hausmann, Carsten hat mit einem Spickzettel gearbeitet.«
»Das kann nicht sein. Er hat mir erzählt ...«
»Dann erzählt er Ihnen etwas Falsches.«
»Sie meinen, mein Carsten lügt?«
Zu dieser Behauptung will ich mich lieber nicht hinreißen lassen. »Ich habe den Eindruck, daß Sie die Probleme, die Sie mit Carsten zweifellos haben, nicht an sich herankommen lassen wollen. Aber Sie helfen Ihrem Sohn nicht, wenn Sie versuchen, aus ihm einen Men-

schen zu machen, der er nicht werden kann. Lassen Sie ihn das sein, was er wirklich ist. Und helfen Sie ihm dabei. Nehmen Sie ihm nicht die Orientierung durch zu viel Fürsorge, und lassen Sie ihn nicht in die Irre laufen, nur weil dort ein paar Vorbilder winken, denen er nicht gerecht werden kann. Carsten braucht Orientierung, damit er sich zurechtfindet, aber er braucht keine Hand mehr, die ihn führt. Er hat Grenzen nötig, damit er sich nicht verirrt. Und er darf nicht durch eine Hintertür freien Auslauf auf ein Gelände haben, das er nicht kennt und das ihm angst macht. Ihr Sohn muß so sein dürfen, wie er ist – auch wenn er schwach, ängstlich und feige ist. Es hat keinen Sinn, diese Eigenschaften zu beschönigen, indem man sie Feinfühligkeit nennt. Möglich, daß es zwischen diesen Charakterzügen Ähnlichkeiten gibt, aber ich glaube nicht, daß der sensible, feinfühlige Schüler ein Messer zückt, während der schwache, ängstliche, feige Schüler alles tut, um sein Selbstwertgefühl notfalls auch mit Gewalt wiederherzustellen. Aggressive Impulse haben wir alle in uns. Aber wir alle, und auch Carsten, müssen lernen, ihnen nicht unmittelbar zu folgen. Da unterscheiden wir uns schließlich von den Tieren. Weil wir in der Lage sind, diese Kulturleistung zu erlernen. Sie fällt uns um so leichter, je größer die verbalen Fähigkeiten und je höher die gesellschaftliche Position ist. Da Carsten Schwierigkeiten hat, sich verbal zur Wehr zu setzen, und auch die allgemeinen Leistungsnormen nur mit Mühe erfüllt ... Hallo, Frau Hausmann?«

Am anderen Ende der Leitung ist es still. Ein feines Rauschen zeigt mir, daß Carstens Mutter den Hörer aufgelegt hat. Vermutlich hat sie ihren Sohn jetzt an ihre Brust gezogen, ihn bestätigt in seiner Meinung über seine schreckliche Lehrerin, und Carsten wird froh sein, sich wieder einmal für nichts verantworten zu müssen. Wahrscheinlich war es sein Leben lang so. Ehe sich sein schlechtes Gewissen rührte, hatte seine Mutter schon ein anderes in einem anderen Menschen entdeckt und verantwortlich gemacht. Was soll aus Carsten werden, wenn er merkt, daß diese Zuflucht zu seinem Gefängnis wird? Er wird ausbrechen. Mit Gewalt. Und dann muß er ums Überleben kämpfen. Mit Gewalt. Und jeder wird sich fragen, warum das so kommen mußte, denn er hatte doch eine so treusorgende, fürsorgliche Mutter.

Ach, Professor Buchheim, was hat unsere Pädagogik eigentlich noch mit der Anthropologie zu tun, mit der Sie damals unser Herz erwärmten, das in einer großen, weiten Pädagogenbrust schlug? Und wie reguliert dic Anthropologie heute noch die Pädagogik? Fest steht doch, daß der Mensch als homo educandus geboren wird, als Wesen, das erziehungsbedürftig ist. Kant sagte dazu: »Der Mensch ist das einzige Geschöpf, das erzogen werden muß. Er ist nichts, als was die Erziehung aus ihm macht.«

Das Problem ist nur, daß jeder Mensch immer schon erzogen wird, erzogen worden ist. Es gibt kein Nicht-Erziehen. Alles, was unsere Schüler erlebten, fühlten, gesehen, gehört, getan haben, hat sie erzogen, ohne daß ein pädagogischer Vorsatz dies bewirkt hat. Also sind diese Kinder nicht nur das, was sie real darstellen, nicht das, was andere aus ihnen machen können, und schon gar nicht das, was Normen von ihnen fordern – nein, sie sind das, was ihre Seele ist. Das, was sie über andere denken, füreinander empfinden und miteinander tun. Ja, Professor Buchheim, es fällt mir wieder ein. Im Schnittpunkt dieser drei Zweige, die direkt aus der Seele wachsen, liegt das vibrierende Zentrum der Anthropologie. Und nur mit ihrer Hilfe wird Pädagogik möglich, notwendig und real. »Der Mensch übergibt der Erde in seinem Leibe das Ferment, gleichsam die Hefe für die Weiterentwicklung«, so sagte es Rudolf Steiner.

Ich sitze allein in der Lehrerbibliothek, fühle, wie sich über mir die Wolken zusammenballen, die das Maß des nahenden Unwetters bestimmen. Der Donner der Anthropologie könnte mich wachrütteln, die Blitze der Pädagogik könnten mich töten. Soll ich mich auf die Suche nach einer Buche machen, um Schutz zu finden vor der tödlichen Gewalt? Oder wäre es richtiger, mich unter eine Eiche zu stellen, in den Himmel zu starren, das Feuer des Blitzes in meiner letzten Sekunde wahrzunehmen und den Donner an meiner leblosen Seele abprallen zu lassen?

Als ich Ihnen das letztemal die Hand schüttelte, Professor Buchheim, hatte ich mich schon aufgemacht, die Sonne zu suchen, war auf Kälteeinbrüche und Gewitterregen gefaßt und sogar bereit, einen kräftigen Sturm zu ertragen – ein solches Unwetter jedoch habe ich nicht erwartet. Und meine Angst, mich diesen Unannehmlichkeiten auszusetzen, wird immer größer.

Als mir Dr. Friedrichsen entgegenkommt, fällt mir wieder einmal auf, daß Frauenärzte in großer Mehrzahl besonders gut aussehende, attraktive Männer sind. Da muß es einen Zusammenhang geben. Sind Gynäkologen Männer, die sich gerne mit Frauen beschäftigen, weil sie großen Einfluß auf Frauen haben? Die die Anziehungs-

kraft des weiblichen Körpers in den Beruf gelenkt haben, um ihr einerseits nicht zu erliegen und sie doch andererseits zum Lebensinhalt zu machen?
Dr. Friedrichsens offener Kaschmirmantel weht hinter ihm her wie ein Chefarztkittel. Überschwenglich ergreift er meine Hand, ohne jedoch einen Zweifel daran zu lassen, welche Ehre mir zuteil wird, daß er bereit ist, höchstpersönlich die Fehlleistungen seines Sohnes mit mir zu erörtern. »Ich bin entzückt, Sie kennenzulernen.«
»Guten Tag.« Es ärgert mich, daß ich der Versuchung widerstehen muß, ihm mit einer ähnlich manierierten Begrüßung zu antworten, und daß ich im jähen Schreck, auf dieses vordergründige Gebaren so prompt hereinzufallen, wie der Herr Doktor das augenscheinlich erwartet hat, mit dieser kargen, distanzierenden Begrüßung reagiere, die mich wahrscheinlich ebenso entlarvt wie das Tirilieren einer seiner exaltierten Patientinnen.
Dr. Friedrichsen deutet an, daß seine Zeit knapp bemessen sei, behält den Mantel an, öffnet nur den Seidenschal, der dekorativ und farblich genau passend seine Krawatte einrahmt. Mit einer noblen Geste schlägt er den Mantel über die Armlehnen des Stuhls, so daß mir auch der Anblick seines dezenten Mantelfutters vergönnt ist, legt die Beine übereinander und signalisiert Bereitschaft. Wie ein Monarch, der seinen hermelingefütterten Umhang als Zeichen seiner Herrscherwürde benutzt, um die Nähe zum Volk, die er demonstrieren will, nicht zur Vertraulichkeit entarten zu lassen. Angewidert blickt er um sich, bestätigt nickend den Eindruck, den das karge, ungepflegte, angekratzte Mobiliar unserer Schule auf ihn macht, und wendet sich mir

dann mit seinem schönsten Lächeln zu, das mir zu verstehen gibt, daß der Vergleich zwischen mir und der Ausstattung der Schule immerhin zu meinen Gunsten ausgefallen ist. »Daß Sie sich in diesem Beruf wohl fühlen!«

Ich überlege kurz, ob ich ihm verraten soll, daß ich mich schon lange nicht mehr wohl fühle, woran sein Sohn einen nicht unbeträchtlichen Anteil hat, aber ich entschließe mich, den Weg zur persönlichen Konfrontation nicht direkt zu gehen, wenn es sich vermeiden läßt.

Es läßt sich nicht vermeiden. Dr. Friedrichsen beschreitet ihn und zerrt mich unversehens mit. »Sie haben Probleme mit meinem Sohn?« fragt er mit einem ungläubigen Lächeln, das mir vermutlich die Möglichkeit eröffnen soll, diese Feststellung zu einer mißverständlichen Interpretation zu beschönigen.

»Ich denke, die Probleme haben in erster Linie Sie.« Gut, daß mein Schulleiter nicht in der Nähe ist. Er würde sich wieder einmal das spärliche Haar raufen angesichts meiner mangelnden Diplomatie.

Dr. Friedrichsen hebt erstaunt eine Augenbraue. »Ich?«

»Zumindest könnte es für Sie als Erziehungsberechtigten ein Problem werden, daß Damian seine Po . . . seinen BMW ohne Führerschein fährt.«

»Ich bitte Sie.« Dr. Friedrichsen lächelt nachsichtig. »Damian hat einen Führerschein, das wissen Sie doch.«

»Er hat keinen, der hier gültig ist.«

»Lächerliche Bürokratie.«

»Wenn ich mir Damians Fahrweise ansehe – und ich komme leider häufig in diesen zweifelhaften Genuß –, bin ich froh, daß unsere gesetzlichen Bestimmungen nur unter ganz klaren Voraussetzungen die Möglichkeit einräumen, einen Minderjährigen am Straßenverkehr teilnehmen zu lassen. Mir wäre es sogar entschieden lieber, wenn diese Möglichkeit gar nicht bestünde. Damian fehlt ganz offensichtlich noch die nötige Reife, der Verantwortung gerecht zu werden.«

Dr. Friedrichsen fegt dieses Argument mit einer Handbewegung vom Tisch, nein, aus dem Zimmer. »Was ihm fehlt, sind ganze vier Wochen. Vier weitere Wochen in den USA, und sein amerikanischer Führerschein wäre ohne weiteres übertragen worden in einen deutschen.«

»Wäre – ja. Ist er aber nicht. Welch ein Glück! Damian behandelt nämlich seinen schnellen Flitzer und alle anderen Fahrzeuge wie die Matchbox-Autos in seinem Kinderzimmer.«

»Sie sind doch eine intelligente, weltoffene Frau.« Aha, die Gynäkologen-Masche! »Sie wissen also auch, daß gesetzliche Bestimmungen immer so gefaßt werden müssen, daß sie möglichst jeden Tatbestand regeln. Dabei muß es zwangsläufig zu Fehlbeurteilungen einzelner Sachverhalte kommen, weil die notwendige Differenzierung nicht vorgenommen werden kann. Sie müssen doch einsehen, daß Damian während seines Aufenthaltes in den USA unter Umständen eine intensivere Fahrpraxis erworben hat als ein anderer Schüler, der zwar lange genug in den Staaten war, aber nur hin und wieder ein Fahrzeug gesteuert hat. Letzten Endes muß es auf den Einzelfall ankommen.«

Warum bin ich im Begriff, mich zu ereifern? Warum ist es mir so wichtig, daß Damians Vater die Rechtsordnung anerkennt, nach der auch Damian sich richten soll? Nein, die Gefährdung des Straßenverkehrs ist das sekundäre Problem, das mich bewegt. Was mich reizt und blanke Wut in mir erzeugt, ist die Kaltschnäuzig-

keit, mit der Damian – und anscheinend auch sein Vater – sich über verbindliche Regeln hinwegsetzt.
»Schauen Sie!« Dr. Friedrichsen hat sich anscheinend auf einen längeren Monolog eingerichtet. »Wir alle wollen doch den mündigen Staatsbürger, den selbstverantwortlichen jungen Menschen. Möchten Sie etwa den Jugendlichen die notwendige Eigenverantwortung absprechen und sie zwingen, ihr Leben nach schablonisierten Vorschriften zu gestalten? Wo soll sich denn da das Individuum entwickeln? Wir Vertreter der 68er-Generation . . .«
Er räuspert sich unschlüssig und wirft ein: »Pardon, Sie sind natürlich noch viel zu jung, um an der damaligen Rebellion teilgenommen haben zu können, aber . . .«
Ich bin keineswegs zu jung. Daß ich an der Studentenrevolte der 68er nicht aktiv teilnahm, hatte seinen Grund lediglich darin, daß ich nicht in einem der Zentren der Bewegung lebte und überdies von den Ideen zwar aufgeschreckt, berührt und letztlich auch geprägt wurde, aber nicht derart überzeugt werden konnte, daß ich mich den Standards der herrschenden Gesellschaftsklasse in Bausch und Bogen widersetzt hätte. Trotzdem macht mir dieser Einwurf Herrn Dr. Friedrichsen ein bißchen sympathischer.
». . . also, als Vertreter der 68er-Generation haben wir doch gelernt, haben dafür gekämpft und gefochten, daß die reaktionären Wertevorstellungen unserer Eltern nichts als eine Bürde sind, die die Zukunft eines jeden Menschen belasten. Es ist uns gelungen, diesen Ballast über Bord zu werfen. Und ich bin der Revolution heute noch dankbar, daß sie dafür gesorgt hat, daß die heutige Jugend zu Menschen heranwachsen kann, die ihre Entscheidungen nach eigenem Ermessen und selbstverantwortlich treffen.«

Ich betrachte Dr. Friedrichsen und versuche, hinter seinem Kaschmirmantel etwas von dem linksradikalen Studenten wiederzufinden, der er gewesen sein will. Es fällt mir schwer, etwas anderes zu finden als einen ehrgeizigen jungen Mann, der in der Zeit, die andere für die Revolte verbraucht haben, seinen Vorsprung ausbaute für den Start in die Karriere.
»Sie meinen also, daß Damian nach eigenem Ermessen und selbstverantwortlich handeln soll – selbst dann, wenn er gegen geltendes Recht verstößt?«
Dr. Friedrichsen schickt einen gelangweilten Blick zum bröckelnden Putz der Decke. »Ich habe Ihnen doch schon erklärt, was ich von diesem Recht halte.«
»Halten Sie es auch für Damians gutes Recht, zum Schulbesuch zu erscheinen, wann er selbst es für richtig hält?«
Dr. Friedrichsen zuckt freundlich die Schultern.
»Wenn ich mich nun Ihrem Erziehungsprinzip ...«, mein Zögern soll ihm zeigen, daß mir der Begriff in diesem Zusammenhang nur schwer über die Lippen kommt, »... wenn ich mich also diesem Erziehungsprinzip anschlösse, würde ich akzeptieren, die erste Unterrichtsstunde allein zu verbringen, die zweite vielleicht gemeinsam mit einigen Frühaufstehern, die dritte und vierte Stunde womöglich mit einer kompletten Klasse, während nach der zweiten Pause vermutlich die ersten schon wieder dem Wink ihrer subjektiv empfundenen Müdigkeit folgen und sich einen besseren Zeitvertreib suchen. Wenn ich nun gar selbst noch behauptete, von meinen Eltern, die für ihr Alter und ihre Generation ganz ungewöhnlich progressiv waren, antiautoritär erzogen worden zu sein – würden Sie dann ebenso bereitwillig akzeptieren, daß Ihr Sohn von mir nur dann

unterrichtet wird, wenn ich gerade Lust und Neigung dazu verspüre?«

»In Ihrer Generation wurde noch niemand antiautoritär erzogen«, erwidert Dr. Friedrichsen mürrisch und vergißt über meinem banalen Einwand sogar seine einstudierte Galanterie.

»Nein, aber Ihr Sohn wird einmal mit dieser Auffassung ins Berufsleben starten, nachdem Sie ihn so freiheitlich-liberal erzogen haben. Ich hoffe, Sie vererben ihm ein großes Vermögen, Herr Dr. Friedrichsen, das es Damian ermöglicht, ohne ein geregeltes Einkommen durch regelmäßige Arbeit auszukommen.«

»Ihre Argumente sind eindimensional«, fährt Dr. Friedrichsen auf. »Natürlich ist es schwierig, wenn einige wenige freiheitlich erzogene Menschen versuchen müssen, sich in einem Gesellschaftssystem zu behaupten, das von unverständlichen, überflüssigen Vorschriften, von Zwängen und kleinlichen Verfügungen gekennzeichnet ist. Mit den Menschen muß sich natürlich auch das System ändern.«

Er lehnt sich zufrieden zurück und faltet die Hände über der Seidenkrawatte. »Ich lasse meinem Sohn völlig freie Hand in seinen Entscheidungen. Er darf nach eigenen Gesetzen leben. Kinder, die das dürfen, bereiten den Weg für eine neue Kultur. Eine, in der man von Erbsünde nichts weiß.«

Wie ich diese Lehrmeinungen inzwischen hasse! Ich erinnere mich, auch einmal durchdrungen gewesen zu sein von den Ideen Neills und seine Schlagworte genauso im Munde geführt zu haben wie jetzt Dr. Friedrichsen. Aber sowohl er als auch ich haben doch Gelegenheit bekommen, den langen Weg von der Theorie in die Praxis zu gehen! Er als Vater, ich als Mutter und Lehrerin.

»Es gibt keine autonomen Kinder«, erwidere ich. »Jedes Kind wird geformt von seinen Eltern, Lehrern, der Gesellschaft. Mag es sich auch gegen sie auflehnen, es wird immer wieder auf sie stoßen und anecken oder sich wund reiben. Wenn Sie meinen, daß Ihr Sohn mit dem Auto fahren darf, auch wenn das Gesetz es verbietet; wenn Sie meinen, daß Ihr Sohn sich nicht um die Anfangszeiten des Unterrichts zu kümmern braucht; wenn Sie also meinen, daß man Ihrem Sohn dies alles zugestehen muß, damit er sich frei ausdrücken und frei über sich selbst bestimmen kann, dann haben Sie – so fürchte ich – die Bedeutung von Selbstbestimmung nicht verstanden. Sie verwechseln Freiheit mit Zügellosigkeit.«
Ehe Dr. Friedrichsen protestieren kann, fahre ich fort. »In einem Zuhause, in dem eiserne Disziplin herrscht, haben die Kinder keine oder zu wenige Rechte, ja. In einem Zuhause jedoch, in dem sie verwöhnt werden, haben sie alle Rechte. Manchmal gibt man ihnen dieses Maximum an Rechten, indem man sich einfach nicht um sie kümmert. In einem guten Zuhause jedoch und in einer guten Schule haben Kinder und Eltern, Jugendliche und Lehrer gleiche Rechte. Und wenn verschiedene Interessen und Pflichten wie in der Schule auf einen Nenner gebracht werden müssen, dann muß jeder ehrlich zu einem Kompromiß bereit sein. Wenn nicht, gibt es nur zwei Möglichkeiten: Man zwingt die Kinder, oder man läßt sie gewähren. Mir gefällt keine der beiden Möglichkeiten. Wenn mir allerdings die Lösung des realisierbaren Mittelwegs nicht angeboten wird, bin ich geneigt, mich für die erste Lösung zu entscheiden. Ich werde sie zwingen. Und ich werde auch Damian zwingen, pünktlich am Unterricht teilzunehmen.«

»Wie soll das gehen?« fragt Dr. Friedrichsen spöttisch zurück.
Ich habe keine Ahnung, wie das gehen soll, und das weiß Damians Vater sehr genau. Er läßt sich nicht bluffen. Und er hat recht. Ich kann seinen Sohn nicht zwingen, ich kann ihm aber auch nicht zubilligen, über seine Zeit selbst zu bestimmen. Der Kultusminister läßt keine dieser Möglichkeiten zu. Doch welchen Kompromiß kann ich den Schülern anbieten? Auf welchen Kompromiß würden sie sich einlassen?
»Kinder lernen ja gern«, lächelt Dr. Friedrichsen, dem meine Unsicherheit nicht entgangen ist. »Wenn sie nicht lernen wollen, kann der Grund nicht in ihnen liegen. Irgend etwas ist mit diesem Schulsystem nicht in Ordnung, wenn es Kinder abstößt, statt anzuziehen.«
Ich liege auf der Lauer. Dr. Friedrichsen meint doch etwas ganz anderes als das, was er jetzt vorsichtig zusammen mit großen Mengen schützender Holzwolle in das Paket Schulsystem packt.
»Ich bin sicher«, bestätige ich vorsichtig, »daß in unserem Schulsystem manches im argen liegt, obwohl ich es für möglich halte, daß wir beide die Unzulänglichkeiten in ganz verschiedenen Bereichen suchen. Doch eins steht fest – solange das System ist, wie es ist, müssen wir alle uns nach seinen Direktiven richten. Sie und ich und auch Damian.«
»Durch Anpassung hat sich noch nie etwas ändern lassen.«
»Durch bloße Renitenz auch nicht.«
Dr. Friedrichsen erhebt sich und geht zum Fenster. Will er den Abstand zu mir vergrößern? Gibt es etwas zu sagen, für das der Gynäkologe, der Mann sich distanzieren muß von einer Frau?

»Eine gewaltfreie, antiautoritäre Schule«, murmelt er, als wäre ihm dieser Leitgedanke einerseits wichtig, andererseits viel zu ungewiß, um ihn laut herauszusagen. »Eine gewaltfreie, antiautoritäre Schule«, wiederholt er, und nun sehe ich in seinen Augen sogar so etwas wie Beklommenheit. »Eine Schule, in der Lehrer nicht gewaltsam ihre Forderungen gegen die Schüler durchsetzen. Das muß doch möglich sein.«
»Nein«, entgegne ich kurz und bündig. »In der Schule läßt sich nicht das einrichten, was augenscheinlich in vielen Familien möglich ist: die Kinder einfach gewähren lassen, sich nicht um sie kümmern, es sich so bequem wie möglich machen ... Wir brauchen nun einmal Leistungen und Ergebnisse. Etwas, was Sie von Ihren Erziehungszielen nicht fordern, oder?«
Nun erhebe ich mich auch. Mir ist ebenso nach Distanz zumute wie Dr. Friedrichsen. »Im übrigen«, sage ich leise, »kann Gewalt auch von dem ausgehen, der sich im Sinne der Gewaltfreiheit pauschal widersetzt. Wenn Damian gegen meine Unterrichtung rebelliert, tut er mir damit Gewalt an, verstehen Sie das nicht? Ich bin verpflichtet, ihn zu unterrichten. Wenn er sich mir entzieht und mir damit die Chance nimmt, meiner Pflicht nachzukommen, tut er mir Gewalt an. Und Sie tun mir Gewalt an, wenn Sie meine Ohnmacht durch Ihren Einfluß noch manifestieren.«
Dr. Friedrichsen legt die Enden seines Seidenschals sorgfältig übereinander und schließt den Kaschmirmantel. »Ich sehe, wir kommen auf keinen gemeinsamen Nenner ...«
»Nein, einen gemeinsamen finden wir nicht. Aber das haben Sie auch nicht erwartet. Sie waren sich doch sicher, daß Ihr Nenner auch meiner sein sollte, nicht wahr?«

Dr. Friedrichsen reicht mir die Hand. »Vielen Dank für die interessante Unterredung. Und ... was ich noch sagen wollte ... die Fünf, die Sie meinem Sohn in einer der letzten Arbeiten gegeben haben ... ich werde Verwaltungswiderspruch einlegen. In Zukunft sollten Sie sich genau überlegen, wie Sie die Leistungen meines Sohnes bewerten.«

»Gewaltfreie, antiautoritäre Schule, ja?« Ich lächle. Aber es ist wohl das Lächeln eines Clowns.

Damian grinst mir entgegen, als ich in die Klasse zurückkehre. Er kennt seinen Vater und dessen Überlegenheit im Umgang mit Frauen. Und sicherlich kennt er auch die Einstellung seines Vaters zu Lehrern im allgemeinen, die vornehmlich bei Freiberuflern immer noch und immer mehr den Ruf haben, für einen halben Tag Arbeit völlig unberechtigt ein ganzes Gehalt zu beziehen. Für Damian gibt es nur zwei Möglichkeiten: Entweder hat sein Vater mich mit seinem gynäkologischen Charme eingelullt, oder er hat mich intellektuell dorthin gezwungen, wo er mich haben wollte. Sollte beides nicht gelungen sein, wird bloße Vergeltung ihn zum Ziel bringen.

Ich überlege schnell. Dr. Friedrichsens Anziehungskraft hat mich kurz beeindruckt, eine flüchtige Verführung, der ich aber widerstanden habe. Seine Argumente dagegen haben mich keinen Augenblick überzeugt. Er wird mich zwingen müssen. Und der Verwaltungswiderspruch, den er mir angekündigt hat, ist vermutlich nur der erste Schritt vor vielen weiteren. Und zu Damian wird er sagen, daß seine Lehrerin eine »frigide Zicke«

sei, die ihr vermutlich unausgefülltes Sexualleben mit Haß auf den Mann schlechthin kompensiert. Frei nach Neill, der unerwünschtes Verhalten bei Kindern auch gern im Abwehren der Masturbation oder in der Aufrechterhaltung anderer sexueller Tabus gesucht hat.

Im Moment könnte Dr. Friedrichsen recht haben. Mein Zorn ist groß genug, für Damian eine besonders schwere Aufgabe zu finden, die jetzt schon Vergeltung üben soll für den Ärger, den sein Vater mir bereiten wird. Lieber Himmel, was ist nur aus meinen guten pädagogischen Vorsätzen geworden!

»Bei der Deklination der Substantive zeigen sich einige Hauptunterschiede, die man auch bei den Adjektiven, bei Fürwörtern und bei unbestimmten Zahlwörtern trifft. Damian, kennst du die Merkmale der schwachen Deklination?«

»Dekli . . . was?«

»Du weißt nicht, was Deklination ist?«

Damian sieht mich an, als spräche ich Chinesisch mit ihm, und blickt um sich, als hoffe er auf einen Dolmetscher.

»Du weißt es also nicht?«

»In die vier Fälle setzen«, hilft Birgit.

»Richtig!« Damian strahlt mich gewinnend an. »In die vier Fälle setzen.«

»Nun, nachplappern kannst du jedenfalls. Mit dem Nennen der vier Fälle bist du wahrscheinlich schon überfordert?«

»Nööö . . . wer, wem, wen, eh, vier sind es, sagen Sie?«

»Wes«, kaut Denise dazwischen.

»Also Nominativ, Genitiv, Dativ, Akkusativ.«

»Sind wir nun Deutsche oder nicht?« schreit Mario dazwischen. »Also können wir doch deutsch reden, oder?«

Ich hüte mich, auf dieses Thema einzugehen. Allzu kurz könnte der Weg von der lateinischen Definition grammatikalischer Begriffe zur gemeinschaftsfeindlichen Definition einer plötzlich erwachten Liebe zur Muttersprache sein.
»Also, Damian, die Merkmale der schwachen Deklination, bitte!«
»Keine Ahnung!«
»In der maskulinen und femininen Form.«
»Keine Ahnung!«
»Dann vielleicht die Merkmale der starken Deklination?«
»Auch männlich und weiblich?«
»Ja, bitte.«
»Die Unterschiede, die ich zwischen männlich und weiblich kenne, nenne ich hier lieber nicht.«
Hysterisches Kreischen honoriert Damians Wagemut, der nun auch dasitzt wie ein Held nach einem errungenen Sieg. Ich sehe förmlich den Lorbeerkranz auf seinem Haupte leuchten, und wenn er sich nun erhöbe, um sich für die Ovationen mit einer Siegerpose zu bedanken, würde ich mich nicht wundern.
»Klar!« sagt Mario, als der Lärm sich gelegt hat. Und sein verschlagenes Lächeln verheißt nichts Gutes. »Bumsen und gebumst werden.«
Auch Mario darf sich an zustimmendem Jubel erfreuen. Wenigstens, so stelle ich mit Erleichterung fest, halten die Mädchen sich mit ihrer Begeisterung ein wenig zurück.
»Kaputte Lusche«, stößt Birgit hervor.
»Du nimmst deine Sachen und verläßt die Klasse«, sage ich leise. Und sowohl Mario als auch die anderen Schüler verstehen mich auf Anhieb.

»Ich? Warum?«
»Du gehst.«
»Warum?«
»Raus!«
Mario knurrt etwas von verdammter Ungerechtigkeit und totalem Null-Check und beginnt umständlich, seine Sachen zusammenzukramen.
»Du kannst alles dalassen.«
»Das ist mir zu langweilig. Wenigstens mein Walkman...«
»Wenn du jetzt nicht sofort verschwindest, mache ich dir Beine, verstanden!«
»Meinetwegen. Und wann soll ich wiederkommen?«
»Jedenfalls nicht, solange ich noch hier bin.«
Mario geht endlich zur Tür, wendet sich aber mit der Klinke in der Hand noch einmal um und zeigt seinen Mitschülern mit angewinkeltem Ellbogen die Muskel seines Oberarms. »Viel Spaß, Leute!«
»Der hat's gut.«
»Pooft sich jetzt 'ne Fluppe rein, und wir hängen hier rum.«
Ich bemühe mich, die Bemerkungen zu ignorieren. »Also, Damian, du erinnerst dich an das, was ich dich gefragt habe.«
»Nee.«
»Die Merkmale der schwachen und der starken Deklination.«
»Keine Ahnung.«
»Das ist ungünstig, Damian. Wir sprachen darüber in der letzten Stunde, und die Hausarbeit behandelte auch eine Aufgabe dieses Inhalts. Für dieses Abfragen der Hausarbeit kann ich dir nur eine Fünf anschreiben.«
Trotzdem will sich keine Genugtuung einstellen. Ich

trage die Fünf mit Bleistift in mein Notenheft, um sie notfalls später wieder herausradieren zu können. Und als die Klasse nach dem Schellen an mir vorbeitrottet, würde ich am liebsten einige von ihnen in ein Gespräch verwickeln, um ihnen zu beweisen, daß ich ein ganz anderer Mensch bin, als es vielleicht manchmal den Anschein hat. Aber einer nach dem anderen verschwindet durch die Tür, ohne daß ich einen Satz gefunden habe, der mir bei der Anbahnung geholfen hätte.

Ich bin todmüde, als ich das Schulgebäude verlasse. Dabei hatte ich nur vier Stunden Unterricht. Trotzdem fühle ich mich ausgelaugt wie nach stundenlangen, nervenzermürbenden Verhandlungen um Krieg und Frieden.

Frau Rubenbauer zwitschert hinter mir her. Sie sieht in mein blasses Gesicht und wundert sich lautstark und ausgiebig über jeden Lehrer, der es zuläßt, daß sein Beruf ihn über seine Kräfte beansprucht. Frau Rubenbauer gehört zu denen, die nicht unterzukriegen sind. Sie läßt sich nicht ärgern, nicht beleidigen, weder ihre Heiterkeit, ihren Eifer noch ihre Langmut angreifen. Und auch der übelste Scherz auf ihre Kosten ringt ihr noch ein Lächeln ab. Sie habe alles im Griff, behauptet sie. Sie sage den Schülern eindringlich, was sie von ihnen erwarte, und wenn sie sich weigerten, genüge ein deutlicher Hinweis, und schon liefe alles zackzack. – Und niemand hat ihr bisher nachweisen können, daß sie lügt.

In einer Ausführlichkeit, die mich jedes Kommentares enthebt, deklamiert Frau Rubenbauer die eindrucks-

volle Rede, die sie ihrer Klasse gehalten hat und die angeblich jede Schülerseele bis ins Mark erschütterte und augenblicklich aus allen gutherzige Kinder gemacht hat.
»Und seitdem komme ich auch zügig im Stoff voran«, erklärt Frau Rubenbauer, während sich in ihren Mundwinkeln vor lauter Enthusiasmus der Speichel sammelt. Ein Aufeinanderpressen der Lippen, zischendes Freisaugen, und schon geht es weiter. Frau Rubenbauer glaubt unbeirrbar an den Unterhaltungswert ihrer methodischen und didaktischen Schilderungen. Bei welcher Lektion sie nun sei, welche pädogogischen Kniffe sie angewandt habe, um bestimmte Lernziele zu erreichen, und welche Lektion sie als nächste anzugehen gedenke. Wieder das fiepende Einsaugen der Speichelreste.
»Ich habe gesagt, Leute, habe ich gesagt...« Frau Rubenbauer pocht prahlerisch auf das Treppengeländer, »wenn ihr nicht spurt, habe ich gesagt, also dann ... und seitdem fressen sie mir aus der Hand.«
Bisher habe ich stets Rücksicht genommen auf die ihr eigene Art, mit Problemen fertig zu werden, und habe ihr regelmäßig den Gefallen getan, ihren Erzählungen ohne Widerspruch zu lauschen. Aber heute ist es mir nicht möglich.
»Das glauben Sie doch selbst nicht«, sage ich Frau Rubenbauer mitten ins Gesicht.
Sie reißt erschrocken die Augen auf, starrt mich in sprachlosem Entsetzen an, läßt zu, daß sich ihre Mundwinkel wieder mit weißem Schaum füllen, dann schießen ihr die Tränen in die Augen. »Warum sagen Sie das?« schluchzt sie. »Wie können Sie meinen ... warum glauben Sie ...?«

Frau Sternberg steht plötzlich in der Eingangstür. »Was ist los?«
Gierig stürzt sie sich auf Frau Rubenbauer, deren Tränen sich bereits mit dem Speichel vermischen. »Haben Sie wieder Ärger in der Klasse gehabt? Wie oft soll ich Ihnen noch sagen, daß Sie die ganze Bande am besten ignorieren! Lassen Sie sie doch machen, was sie wollen! Die werden schon sehen, wo sie hinkommen.«
Sie nickt mir zu. »Lassen Sie sich nicht aufhalten. Ich kümmere mich schon um sie. Ich muß nur eben meiner Klasse Bescheid sagen, daß ich später komme.« Sie legt fürsorglich den Arm um die Schultern der zitternden Frau Rubenbauer. »Kommen Sie, wir werden jetzt erst einmal reden. Und wenn es die ganze Stunde dauert . . .«

Tessas Laden liegt am anderen Ende der Stadt. Als ich vor dem winzigen, unscheinbaren Geschäft vorfahre, hockt Tessa gerade in der Auslage, faltet Strampelhosen auf und stapelt sie dekorativ in eine Ecke. Ein Kleidchen, das zwar nicht nach der neuesten Mode, aber noch gut erhalten und recht niedlich ist, hängt sie auf die Leine, die ihr kümmerliches Schaufenster durchspannt. Ein Teddy mit abgewetzter Nase und angeflicktem Ohr kauert zu Füßen des Stramplerstapels.
Tessa pustet imaginären Staub von den Bilderbüchern, die den Boden bedecken, und setzt einen bunten Brummkreisel dazwischen. Alles erledigt sie mit der Gemächlichkeit eines Menschen, der Zeit hat. Zeit nicht deshalb, weil es unausgefüllte Stunden oder auch nur Minuten gibt, sondern weil die Zeit es nicht wert ist, ihr ein Übermaß an Aufmerksamkeit zu widmen.

Als Tessa wieder rückwärts in den Verkaufsraum zurückklettert, sieht sie mein Auto vor ihrer Tür stehen. Sie winkt mich mit einem großen Fragezeichen auf der Stirn heran.

Ich nicke bestätigend, verschließe den Wagen und bleibe ein paar Augenblicke vor dem unscheinbaren Schaufenster stehen, ehe ich die Tür zu »Tessas Secondhand« öffne. Eine Glocke scheppert mißtönend durch den Laden.

Tessa umarmt mich freudestrahlend. »Wird auch Zeit, daß du dich mal wieder bei mir sehen läßt.«

»Ja, du hast recht. Gesa könnte eine Regenjacke gebrauchen...«

»Laß uns erst einmal einen Kaffee trinken.«

Tessa geht in den hinteren Bereich des Ladens, wo eine Kaffeemaschine in ständiger Bereitschaft ist. Zwei Sessel mit dicken Kuschelkissen rechts und links davon lassen ahnen, daß dieser Laden nicht nur seinem ureigenen Zweck, sondern gelegentlich auch der Kommunikationspflege dient. Schon früher war Tessas Kaffeemaschine ein gesellschaftlicher Mittelpunkt, als sie noch in der Lehrergarderobe stand und jeder sicher sein konnte, Tessa in der Pause dort vorzufinden. Tessa, die für ihr Leben gern zuhörte, während sie ihren heißen Kaffee schlürfte, die sich selten zu einer Äußerung und schon gar nicht zu einer Bewertung über das, was sie zu hören bekam, hinreißen ließ. Das machte sie und ihre Kaffeemaschine so beliebt. Und die Schule war um einen wesentlichen Mittelpunkt ärmer geworden, als Tessa sich entschloß, den Dienst zu quittieren. Niemand hatte zu diesem Zeitpunkt geahnt, daß sie unter ihrer Arbeit litt, da Tessa zwar auf die Sorgen anderer einging, die eigenen jedoch fest in sich verschloß.

Ich sehe mich skeptisch um. »Läuft der Laden eigentlich?«
»Ich bin zufrieden.«
Also läuft er nicht. Das ist auch kein Wunder, denn außer den billigen Artikeln ist nichts an ihm attraktiv. Wenn man einmal von Tessa und ihrer Kaffeemaschine absieht...
»Verdienst du genug mit diesen Secondhand-Klamotten?«
»Mir genügt es.«
Ich betrachte sie von der Seite. Wahrscheinlich lebt Tessa an der Grenze des Existenzminimums.
»Schließlich hast du einmal gut verdient.«
Tessa erhebt sich, weil die Kaffeemaschine gurgelnd und zischend zu verstehen gibt, daß sie das letzte Wasser in den Filter spuckt. »Ja, Lehrer verdienen wirklich ganz gut.« Sie nimmt die Kanne und sucht nach zwei Kaffeebechern. »Aber das reicht einfach nicht, oder?«
Ich ziehe es vor, darauf nicht zu antworten. Noch fällt es mir sehr schwer, mich zu meinen Gefühlen zu bekennen. So, wie Tessa es getan hat.
»Schieß los«, sagt sie, als sie die Becher füllt. »Du hast doch etwas auf dem Herzen.«
Ich wehre ab. Ich war doch wegen einer Regenjacke für Gesa gekommen. Andererseits, da ich nun schon einmal da bin... Tessa interessiert sich ja immer noch für die Geschichten aus der Schule.
Eine halbe Stunde später kennt Tessa die neuesten Taktlosigkeiten unseres Schulleiters, die sie nur mit einem bestätigenden Kopfnicken quittiert. Sie kennt Frank, Belgin und Ilhan, Mario und seinen Vater, Damian und den Gynäkologen.

»Konnte Professor Buchheim nicht vorhersehen, was uns erwartete?«
Tessa schüttelt den Kopf. »Nein, das konnte er wohl nicht. Professor Buchheim war überzeugt, am Beginn einer wunderbaren Entwicklung zu stehen. Die Schulreform! Chancengleichheit! Durchlässigkeit des Systems! Hättest du gedacht, daß die Schulreform so kläglich scheitern würde? Und was ist aus der Chancengleichheit geworden, von der wir uns die entscheidende Regulierung der traditionellen Vorherrschaften erhofft hatten?«
Ich nicke düster und starre in den aufsteigenden Wrasen des Kaffees. Tessa hat recht. So, wie die Bedeutung der Chancengleichheit zunahm, nahm die Zahl derer zu, die Chancen ergriffen, die nicht für sie geeignet waren. Ja, sie wurden geradezu gedrängt, nach den Sternen zu greifen, und immer großzügigere Leistungsbewertungen verhinderten ihren – eigentlich unvermeidbaren – Absturz. Aus Chancengleichheit ist in Wirklichkeit eine freie Verfügbarkeit über alle erdenklichen Chancen geworden. Und im Sinne dieser Chancengleichheit, deren Handlanger allen, die nach einer Chance griffen, die Möglichkeit zur Verwirklichung geben wollten, mußten die Leistungsansprüche gesenkt werden. Unaufhörlich sinken sie seitdem weiter. Und mit ihnen sinkt das Maß der Leistung, der Leistungsmöglichkeiten, der Leistungsbereitschaft.
»Wo soll das noch hinführen?« frage ich Tessa. »Ich habe Tucker erklärt, daß wir auf dem Wege zum Analphabetismus sind.«
Tessa lacht. »Da bist du ja wieder mitten in ein Fettnäpfchen getreten. Wenn du so weitermachst ... übrigens, ich hätte da einen tollen Minirock aus den sechziger Jahren.«

»Nein, danke«, wehre ich ab. »Tucker ist keine solche Anschaffung wert. Außerdem ... An die Sechziger möchte ich auch nicht erinnert werden. Dieser Gynäkologe heute mit seinen Sprüchen von der 68er-Generation ...«
Tessa winkt ab. »Wer sich heute noch darauf beruft, ist ein Rhetoriker, kein Praktiker. Es hilft nichts, wir müssen uns damit abfinden, daß unsere Ideen gescheitert sind. Ob Professor Buchheim wohl noch lebt? Mir tut das Herz weh, wenn ich mir vorstelle, daß er mitansehen muß, wie die Ideale, für die er gefochten hat, verkommen sind.«
»Nein!« bricht es plötzlich aus mir heraus. »Er tut mir nicht leid. Er hätte es nämlich schon wissen müssen, und er hätte uns warnen können.« Ich starre bestürzt auf ein grünes Taftkleid, das gut und gerne zwanzig Jahre auf seinen changierenden Schultern hat. »Ich habe schon nach ein paar Wochen Arbeit in der Schule gemerkt, daß sich eine Kluft dehnte zwischen dem, was wir uns wünschten, und dem, was machbar war. Das hätte auch Professor Buchheim merken müssen. Aber wahrscheinlich hat er es verdrängt. So wie ich. Schon nach dem ersten Schuljahr habe ich mit meiner Verdrängungsarbeit begonnen. Schon damals hat die Enttäuschung eingesetzt. Aber ich wollte sie nicht wahrhaben – schließlich wäre das gesamte Fundament, auf dem ich mich zum Lehrerberuf entschlossen hatte, unter mir zusammengebrochen. Also habe ich wider besseres Erkennen die Ideen der antiautoritären Erziehung um so eifriger verfolgt. Obwohl sie sich in der Praxis nicht bewährten! Aber ich hatte eine Erklärung gefunden, Tessa. Ich sagte mir, daß diese Kinder zu spät mit der freiheitlichen Pädagogik konfrontiert worden

sind. Ich habe geglaubt, sie verkraften es nicht, aus der autoritären Erziehung im Elternhaus und in der Gesellschaft nun in der Schule ohne Zwang zu lernen. Ich dachte, sie müssen erst lernen, ohne Machteinwirkung zu leben.«

Das grüne Taftkleid verschwimmt vor meinen Augen. »Und was ist nun aus ihnen geworden?«

Tessa und ihre Kaffeemaschine schweigen. Ein kurzes Scheppern der Türglocke kündigt eine Kundin an, die sich aber gleich darauf wieder zurückzieht, sie gibt vor, sich in der Adresse geirrt zu heben. Oder haben sie etwa meine verheulten Augen vertrieben?

»Wir sind gescheitert, Tessa, auf der ganzen Linie gescheitert! Dabei bin ich immer noch der Überzeugung, daß Professor Buchheims Ideen richtig waren! Aber es ist unmöglich, sie durchzusetzen. Vielleicht, weil sie von zu vielen mißverstanden oder sogar mißbraucht worden sind. Freiheitlich erziehende Eltern sind ja oft nichts anderes als bequem und schieben ein großes Erziehungsziel vor, wenn sie in Wirklichkeit keine Lust haben, sich mit ihren Sprößlingen auseinanderzusetzen oder ihnen die notwendigen Grenzen zu stecken. Marios Vater und auch Damians Vater sind beste Beispiele dafür. Beide Jungen sind unbeachtet aufgewachsen. Und die Tatsache, daß Damian mit irdischen Gütern reichlich versorgt wurde, kann nicht darüber hinwegtäuschen, daß er emotional ebenso verwahrlost ist wie Mario. Da haben wir nun versucht, den Kindern freie Entscheidungen zu ermöglichen, und ihnen die Chance gegeben, sich an frei gewählten Werten zu orientieren. Und was haben sie daraus gemacht? Sie scheinen in rechtsradikalen Gruppen nun gerade nach Autorität und festen Normenstrukturen zu suchen. Oder haben wir ihnen eine Werteorientierung genommen? Wollen die Kinder gar keine freien Entscheidungen? Weil sie gar nicht damit umgehen können? Haben wir ihnen mit dieser Freiheit die Hilfe entzogen, die sie brauchen? Die Befreiung von der strengen Disziplin der traditionellen Schule sollte sie zu einer Gemeinschaft führen, die sich gegenseitig und ganz selbstverständlich diszipliniert. Aber was ist aus dieser Gemeinschaft geworden? Eine große Gruppe unhöflicher, grober, unsensibler, verbal und physisch brutaler junger Menschen.«

Ich sehe mich noch einmal in Tessas Laden um. Mittlerweile habe ich mich an den dumpfen Geruch der Kleidung gewöhnt und auch an die Spinnfäden, die die Ladenhüter zusammenhalten. »Als du gingst, habe ich nicht begriffen, was du meintest, Tessa. Du sagtest, du fühlst dich in dieser Schule wie in einem Gefängnis, in dem die Insassen freie Verfügung über Zeit und Raum haben, während die Aufseher täglich gefoltert werden.«

Tessa lacht. »Damals war ich so aufgebracht, daß ich vielleicht ein wenig übertrieben habe.«

»Aber heute verstehe ich, was du sagen wolltest. Und ich fange an, dich zu beneiden, weil dir die Flucht geglückt ist. Die Flucht vor den Schülern, die Flucht vor dem System, vor den Eltern und den Kollegen, die mittlerweile so verlogen sind wie das System selber. Und was das Schlimmste ist – sie wissen es nicht. Sie tragen eine Maske, ohne ihr eigenes Gesicht noch zu kennen. Sie belügen und betrügen sich selbst. Wen wundert es da, daß sie auch anderen gegenüber nicht mehr ehrlich sein können? Und wer zu sich selbst nicht mehr vordringen mag aus Angst, mit dem, was er findet, nicht fertig zu werden – wie soll der Zugang finden zu anderen? Die Mittel, die man einsetzen muß, um sein Leben fristen zu

können, die machen irgendwann den ganzen Menschen aus.«
Trotzdem frage ich mich, ob ich Frau Rubenbauer nicht besser auch weiterhin ihrem Morast überlassen hätte, der für sie wie der warme, weiche Sand an den Stränden der Karibik war. Eine Illusion, wenn sie auch noch so unerfüllbar ist, mag immer noch erträglicher sein als eine harte, unwiderlegbare Gewißheit.

Gesa steht tropfnaß vor der Tür. Aus ihren Haaren rinnt der Regen, die Jeans und die dünne Jacke sind dunkel vor Nässe.
»Hast du deinen Schlüssel vergessen?«
Gesa nickt kläglich. »Wenn ich wenigstens eine Regenjacke hätte. Du hast gesagt, du kaufst mir eine neue.«
Ich öffne mit fliegenden Fingern die Haustür. Die Regenjacke, die ich für meine Tochter kaufen wollte, habe ich völlig vergessen.
»Ich war bei Tessa«, erkläre ich hastig, während Gesa sich auf die Fußmatte stellt und sich ihre durchweichte Kleidung abstreift. »Aber sie hatte keine passende Jacke. Laß uns in den nächsten Tagen in die Stadt gehen.«
Tobias klingelt, während ich Gesas nasse Kleidung ins Badezimmer trage.
»Du hast auch deinen Schlüssel vergessen?«
Tobias kommt ebenfalls über die Fußmatte nicht hinaus.
»Auch an deine Regenjacke hast du nicht gedacht. Du hast doch eine, die noch paßt.«
Tobias schleudert seine Jeansjacke auf die Erde. »Der Jansen ist ein Schwein! Immer ich! Immer ich!«

»War er wieder so unfair?« ruft Gesa aus ihrem Zimmer, wo sie sich trockene Sachen anzieht.
»Na, klar! Er hat was gegen mich.«
Ich sehe verständnislos von meinem Sohn hinauf ins obere Stockwerk, wo Gesas Stimme residiert. »Was ist denn los, Tobi?«
»Hab ich dir doch schon oft genug erzählt. Der Jansen will mich erledigen. Die schwierigsten Fragen stellt er immer mir. Wenn ich eine Antwort weiß, sieht er über mich hinweg. Da kann ich mich melden wie ein Verrückter... Aber sobald es kompliziert wird und er meinem Gesicht ansehen kann, daß ich nichts checke – garantiert nimmt er mich dran. Der hat was gegen mich.«
So, wie ich etwas gegen Damian habe? Hat Jansen sich auch an Tobias gerächt, so wie ich an Damian? Aber ich habe mich doch auf dem letzten Elternsprechtag sehr angenehm mit ihm unterhalten. Oder... oder hat er mir meine Kritik übelgenommen? Herr Jansen braucht oft mehrere Wochen, bis er eine Klassenarbeit zurückgibt. Häufig erst zwei, drei Tage, bevor die nächste geschrieben wird. Wie sollen Kinder da Gelegenheit bekommen, aus ihren Fehlern zu lernen? Das habe ich beanstandet. In sehr freundlichen Worten. Mit viel Verständnis und Humor. Aber Herr Jansen scheint sehr empfindlich zu sein. Bin ich jetzt schuld daran, daß Tobi unter ihm leidet? Nein! Ich drehe energisch an den Knöpfen des Herdes. Es kann doch nicht wahr sein, daß bei einigen Kollegen gang und gäbe ist, was ich heute zum erstenmal getan habe. Oder doch? Und werde ich mich jetzt öfter in diese Ausflucht retten? Unsinn! Es gibt eben Lehrer ohne pädagogisches Feingefühl. Und der Jansen wird einer von denen sein!

Donnerstag

Erziehung ist an allem schuld

Wer trägt die Schuld an Mogadischu, Bad Kleinen, Solingen und Rostock und am »Anstieg der allgemeinen Kriminalität«? Es ist die antiautoritäre Erziehung!
Ehe die Einsicht zum Bildungsgut kanonisiert wird, sei Einspruch gewagt. Helmut Schmidts große Hamburger Welterklärung in »Die Zeit« (16.Juli) führt »das Ideal der antiautoritären Erziehung« zwar nicht als letzten Grund allgemeinen Niederganges an, doch flicht er damit locker einen bunten Ursachenkranz. Die »Emanzipationspädagogik« habe »zugleich die Tugenden des Kompromisses und der Solidarität in Frage gestellt. Sie hat individuelles Wohlleben, Rücksichtslosigkeit und Egoismus auf den Thron gesetzt. Die Folgen zeigen sich: vom rücksichtslosen Spekulantentum in Banken, Unternehmen bis hin zur Gewalt im Fernsehen, an der Schule und bis zur Gewalttat solcher, die nie lernen konnten, echte Gemeinschaft zu erleben«.
Daß die Schüler, die antiautoritären Unterricht genossen haben, alle bei Banken angestellt sein sollen, ist eine ungewöhnliche Vorstellung. Erinnert sei daran, daß die deutsche Geschichte auch zu Zeiten, als der Ton in den Schulen so schnarrend war wie auf dem Kasernenhof, Krisen und Spekulationsgewinne kannte. Und unsere Vergangenheit wollen wir nicht ganz aus den Augen verlieren: Dem Erziehungssystem der DDR kann man schwerlich vorwerfen, es an Gemeinschaftserlebnissen fehlen gelassen und statt dessen eine antiautoritäre Erziehung praktiziert zu haben. Die Gewalt, der Helmut Schmidt an die Wurzeln will, ist ein gemeinsames west-östliches Erbe. Ihre Ursachen müssen, wie er selbst so schön sagt, tiefer und vielfältiger sein.

Deutsche Lehrerzeitung

Ich sehe Herrn Hattkämper auf dem Schulhof mitten in einer Schülergruppe im angeregten Gespräch. Schon wieder ein radikaler Auftrieb? Unauffällig ändere ich meine Richtung, verlangsame meinen Schritt – braucht Kollege Hattkämper Hilfe? Aber dann höre ich ein Mädchen lachen und gleich darauf Herrn Hattkämpers amüsierten Baß. Nein, da scheint eine gutgelaunte Unterhaltung im Gang zu sein. Und als sich die Gruppe auflöst, wird meine Vermutung bestätigt. Herr Hattkämper klopft sogar einem Schüler jovial auf die Schulter und wendet sich schließlich mit einem saloppen Winken ab. Federnden Schrittes kommt er auf mich zu. »Schöner Tag heute, nicht wahr?«

Ich sehe zweifelnd in den Himmel, der blaßblau, an einigen Stellen sogar grau verschleiert, tief über uns hängt. »Na ja.«

Aber Herr Hattkämper läßt sich durch meinen Vorbehalt nicht entmutigen. »Ich glaube, es wird noch ganz schön heute.«

Ich versuche, mit seinem forschen Schritt mitzuhalten. »Sie sind so verändert heute. Gibt es vielleicht etwas zu feiern?«

Herr Hattkämper wiegt lächelnd den Kopf. »Wer weiß, wer weiß. Ich hoffe jedenfalls, daß der heutige Tag zu einer gewissen ... na, sagen wir, Umkehr führen wird. Haben wir nicht gestern noch über die beklagenswerte Gleichgültigkeit unserer Schüler gesprochen? Vielleicht wird es ab heute ein Umdenken geben.«

»Wie soll das zustande kommen?« Ich starre erwartungsvoll in seine leuchtende Miene. »Haben Sie etwas vorbereitet?«

Herr Hattkämper nickt strahlend. »Lassen Sie sich überraschen.«

Als wir in der Garderobe unsere Mäntel aufhängen, dringt die Unruhe aus dem Lehrerzimmer bis zu uns herüber.
»Ach, wie reizend!« jubelt Frau Rubenbauer.
»Was soll das bedeuten?« fragt Frau Sternberg.
Nun hat meine Spannung wirklich den Höhepunkt erreicht. Ich lasse meine Tasche in der Garderobe stehen und eile hinüber. »Was ist denn eigentlich los?«
»Sehen Sie da!« Dr. Bang zeigt aus dem Fenster auf den Schulhof. »Es tut sich etwas.«
Und was sich tut, ist auch von oben deutlich zu erkennen. Drei Schülergruppen haben sich zusammengefunden, jede mit einem riesigen Transparent ausgerüstet.
»Eine Demonstration?« frage ich ungläubig.
»So ist es«, strahlt Herr Hattkämper. »Ich habe den gestrigen Vormittag dazu verwandt, mit meiner Klasse eine Anti-Gewalt-Kampagne auszuarbeiten. Einige haben sich sofort bereit erklärt, eine Gegenbewegung zu organisieren. Die, die zunächst gezögert haben, sind im Laufe des Vormittags überzeugt worden. Nach der letzten Stunde jedenfalls stand fest, daß meine Klasse heute gegen Gewalt jeglicher Art und besonders gegen die Gewalt der Neonazis angehen will. Sie haben die Transparente angefertigt und wollen jetzt versuchen, möglichst viele Mitschüler hinter ihnen zu versammeln.«
»Vielleicht kommen sie ins Gespräch«, meint Frau Rubenbauer.
»Das hoffe ich auch«, bekräftigt Herr Hattkämper. »Meine Schüler sind darauf vorbereitet. Wir haben die Argumente geübt, die Nazi-Sympathisanten überzeugen müßten. Und wenn es klappt, werden sich die neuen Rechten bald in einer so deutlichen Minderheit

befinden, daß sie nicht mehr versuchen werden, eine Majorität vorzutäuschen, die in Wirklichkeit gar nicht existiert. Ihre Übermacht besteht doch nur in der Selbstherrlichkeit ihrer Präsenz. Zumindest unser Schulhof dürfte ab morgen frei von diesen Umtrieben sein.«
»Um sie möglicherweise auf die Straße zu verlagern?« wirft Dr. Bang zweifelnd ein.
Herr Hattkämper zuckt die Schultern. »Das Risiko müssen wir eingehen. Alles ist besser, als gar nichts zu tun. Und wenn wir versuchen, unser eigenes Haus sauber zu halten, wird vielleicht der Nachbar veranlaßt, es uns gleichzutun. Damit könnte eine Reihe entstehen, die das fortsetzt, was wir beginnen.«
Ich frage mich, warum ich es nicht fertigbringe, Herrn Hattkämper zuzustimmen. Er hat ja recht. Die Gegenstimmen müssen sich endlich Gehör verschaffen. Und drei Plakate mit einer deutlichen Forderung sind tausendmal besser als die Gleichgültigkeit des Schweigens. Aber diese gezüchtete, manipulierte Aktion macht mir eher Angst als Hoffnung. Zwar hoffe ich, daß sie einige zum Umdenken bewegt, aber meine Angst, daß sie sich der Lächerlichkeit preisgibt, ist größer. Die Aktion mutet an, als kämen viele Radfahrer und Fußgänger daher, die für die Abschaffung des Autos und damit für eine saubere Umwelt demonstrieren. Eine wirkungslose Kundgebung – besonders dann, wenn man feststellt, daß ein Teil von ihnen mit dem Wagen angereist ist, der nun auf einem überfüllten Parkplatz steht.
»Was haben Sie ihnen dafür versprechen müssen?« fragt Frau Sternberg in bestürzender Direktheit.
Herr Hattkämper wendet sich verlegen ab und will uns

weismachen, die Frage nicht gehört oder nicht verstanden zu haben.
Aber Dr. Bang nimmt ihm die Last der Antwort ab. »Eine Freistunde«, sagt er grinsend. »Hat sich schon herumgesprochen. Eine Stunde Demonstrieren bringt eine Stunde Unterrichtsbefreiung ein.«
Herr Hattkämper steht da wie mit roter Farbe übergossen.
»Macht ja nichts«, tröstet Dr. Bang ihn, immer noch lachend. »Tucker erfährt von uns kein Wort. Und der Zweck heiligt schließlich die Mittel.«
»Die Schüler haben mir versprochen, darüber Stillschweigen zu bewahren«, sagt Herr Hattkämper kläglich.
Dr. Bang winkt ab. »Eine ganze Klasse zur Diskretion verpflichten? Das hat noch nie geklappt!«
»Aber die Schüler sind überzeugt von der Bedeutung dieser Demonstration«, erklärt Hattkämper hastig. »Bitte, glauben Sie nur nicht . . .«
»Nein, nein!« beeilt sich Frau Rubenbauer zu bestätigen.
»Sie hätten sich selbstverständlich auch ohne diesen besonderen Anreiz bereit erklärt«, bemüht sich Herr Hattkämper weiter.
»Natürlich«, nickt Dr. Bang.
»Aber warum soll man die Motivation nicht ein wenig schärfen?« redet Hattkämper weiter. »Und eine gute Tat ist doch ihren Lohn wert, nicht wahr?«
»Ganz klar!«
Trotzdem sieht Herr Hattkämper zweifelnd von einem zum anderen, als sei er sich unserer Loyalität immer noch nicht sicher. Der zufriedene Stolz ist aus seinem Gesicht verschwunden. Unruhig tritt er von einem Bein aufs andere, als brauche und suche er weitere Rechtfertigungen für seine Konzilianz.

Die drei Transparente bewegen sich schwankend über den Schulhof. Gelächter klingt ins Lehrerzimmer herauf und auch einzelne Zurufe, die prompt und genauso laut und angriffslustig beantwortet werden. Die Demonstranten lassen sich nicht beirren. Und langsam, aber stetig setzt ein Zustrom ein, der die Transparente immer tiefer einbettet in immer dichtere Schülerscharen. Die Träger scheinen Mühe zu haben, ihre schriftlichen Forderungen weiterhin aus der Menge herauszurecken.

GEGEN FREMDENFEINDLICHKEIT!
FÜR MEHR VERSTÄNDNIS UND TOLERANZ!
GEWALDFREIE SCHULE!

Ich starre erschrocken auf das dritte Transparent. Irgend etwas stimmt nicht. Das Gesicht dieses Schriftbildes hat abstehende Ohren, eine häßliche Nase, ein lückenhaftes Gebiß, schielende Augen ... Warum ist es so häßlich? »Das darf doch nicht wahr sein!«
Die anderen sehen mich erstaunt an.
»Was ist los?« fragt Herr Hattkämper.
»Gewalt mit d«, flüstere ich entgeistert. »Sie wissen nicht einmal, wie man dieses Wort schreibt.«
»Tatsächlich!« Dr. Bang beginnt zu lachen. »Ist mir gar nicht aufgefallen.«
»Wie kann man Gewaltfreiheit fordern, wenn man es fertigbringt, im selben Atemzug der Sprache Gewalt anzutun?«
Der gute Wille der Aktion wird für mich in diesem Augenblick zu einer Kampfansage, ihr Wert zur Beschaffenheit einer Attrappe. Ein Gedanke ist mit einem einzigen Buchstaben gewürgt und erhängt worden. Und niemand hat es gemerkt. Keiner hat gesehen, daß dieses

Wort da unten krank oder vielleicht sogar schon tot ist.
»Regen Sie sich nicht auf«, sagt Frau Sternberg. »Darauf kommt es doch nicht an.«
»Doch!« ereifere ich mich. »Auch darauf kommt es an. Überlegen Sie sich einmal die vervielfältigende Wirkung der Gewalt in dem Wort Gewalt!«
Die anderen starren mich verständnislos an. Und ich merke, daß ich drauf und dran bin, eine an sich wirksame Medizin wieder auszuspucken. Ich sollte sie schlucken und auf ihre Wirkung warten. Aber meine Beschwerden, die mich eben noch drückten, werden jetzt von einer Niedergeschlagenheit zugedeckt, die mich schmerzfrei macht.
Herr Hattkämper sieht mich tadelnd an. »Hier kommt es auf den Inhalt an, nicht auf die Form.«
»Warum lassen sich Politik und Orthographie nicht miteinander verbinden?« schreie ich los und weiß, daß meine Kollegen mich für hysterisch halten. Wahrscheinlich haben sie sogar recht. Wie soll ich ihnen erklären, daß dieses »d« sich über mir zu einem riesigen Symbol der Stumpfsinnigkeit aufgebläht hat! Wie ein Ballon, gefüllt mit Luft, die freigelassen zu einem bedeutungslosen Bestandteil der Atmosphäre wird, in diesem Ballon jedoch eine unglaubliche Wirkung erzielt. Er kann aufsteigen, fliegen oder sich durch einen Windstoß zur Seite neigen, sich über uns decken und uns ersticken. Mit nichts als Luft!
Tucker kommt herein. »Haben Sie schon gesehen, was sich auf dem Schulhof abspielt?« fragt er mit leuchtenden Augen. »Wir sollten vielleicht die Presse verständigen. Unsere Schule gäbe ein gutes Bild in der Tagespresse ab, wenn morgen auf den Frühstückstischen unser Einsatz für die gewaltfreie Schule läge.«

»Unser?« frage ich zurück und beobachte Carsten und Mario, die sich abseits der dichten Einmütigkeit halten und gegenseitig stärken durch törichte Einwürfe und Gelächter. Hier oben versteht niemand, was sie rufen, aber wie sie dastehen – breitbeinig, die Hände in den Taschen, wobei ihre Fäuste die Taschenbeutel ganz ausfüllen und gegen die Seitennähte der Hosen pressen –, wie sie immer wieder in Gelächter ausbrechen und dafür sorgen, daß jeder ihre Verächtlichkeit zur Kenntnis nimmt, darin drückt sich auch ihre Geisteshaltung leicht durchschaubar aus.
Tucker überhört meinen provokanten Einwand und berauscht sich weiter an den Möglichkeiten, den Ruf der Schule aufzupolieren.
Ich beobachte, wie die Transparentträger sich auf der Erde niederlassen und ihre Plakate in den Schoß legen. Mario und Carsten stehen jetzt nicht mehr allein da. Zu ihnen haben sich andere gesellt, genauso breitbeinig. Und das Gelächter ist nun noch viel lauter.
»Der gute Ruf unserer Schule wird einen entscheidenden Sprung bekommen«, sage ich laut, »wenn dieses Transparent im Lokalteil der Tageszeitung erscheint.« Ich zeige auf die »Gewaldfreie Schule«, die sich gerade anschickt zu Füßen ihrer Träger eine Ruhepause auf der Erde einzulegen. Aber Tucker hat den Makel in der Propaganda noch rechtzeitig erkannt, bevor das »d« sich mit dem Gesicht nach unten auf dem Hofasphalt ausstreckt.
»Wer hat in der Klasse Deutschunterricht?« fragt er streng. Die friedlichen Demonstranten sitzen jetzt in vielen kleinen Gruppen herum und reden.
»Sie diskutieren«, sagt Herr Hattkämper mit zusammengekniffenen Augen. »Im Gespräch werden sie Vorurteile und vorgefaßte Meinungen überwinden.«

Aber seine Stimme ist leiser geworden und sein Blick aufmerksamer, observierend. Das fröhliche Stimmengewirr, das zum Lehrerzimmer hochdringt, macht ihm Sorge. Und er scheint sehr erleichtert zu sein, daß die Gesprächsinhalte hier oben nicht zu erfassen sind.
Tucker scheint auf der Beantwortung seiner Frage zu bestehen. Immer noch sieht er fragend in die Runde.
»Ich«, sagt Herr Hattkämper, ohne den Blick von dem Geschehen auf dem Schulhof zu nehmen. »Und ich bekenne mich schuldig, die Schüler bei der Vorbereitung auf die Demonstration nicht ausdrücklich auf die Schreibweise des Wortes ›Gewalt‹ aufmerksam gemacht zu haben.«
Tucker ist glücklicherweise nicht so dumm, Hattkämpers Selbstvorwürfe zu bekräftigen. »Schade«, jammert er. »Das hätte einen guten Zeitungsartikel gegeben.«
Frau Sternberg schüttelt den Kopf. »Es wäre sowieso zu spät gewesen. Die Geschichte scheint sich aufzulösen.«
Die Transparente dienen mittlerweile als Sitzgelegenheiten, die von Kollege Hattkämper angeregte Diskussion ist offensichtlich zu einem Plauderstündchen verkommen. Nur die Gruppe um Carsten und Mario verfolgt ihre Interessen weiter. Ihre Großspurigkeit wächst mit der zunehmenden Anzahl des Gefolges. Und obwohl sie eine Minderheit von höchstens zwanzig Schülern sind, überragen sie die Szene. Dabei ist ihr Zusammenhalt nicht einmal ersichtlich und scheint sogar ängstlich vermieden zu werden. Sie bewegen sich mit einem unverkennbaren Abstand zueinander. Wie Murmeln in einem fest abgesteckten Kreis. Keiner verläßt ihn, aber niemand sorgt dafür, daß er zu einem Ring wird, der sich fest um seinen Mittelpunkt legt. Nein, versprengte Murmeln, die kreiseln und kreiseln, langsam genug, um sich

nicht unversehens im eigenen Schwung aus der Runde hinauszukatapultieren. Trotzdem tragen sie Unruhe aus ihrem Ring heraus. Zwar sabotieren keine gemeinschaftlichen Parolen die große in Einklang stehende Menge derer, die ihr Maß an Frieden erreicht zu haben glauben, sondern nur einzelne schlecht gezielte Pfeile fallen mitten hinein in die weiche, eng zusammengerückte Überzahl. Und nur der, der das Geschoß aufgefangen hat, reagiert mit einem Gegenschlag. Wie ein sportliches Spiel, in dem ein Ball zugeworfen, aufgefangen und wieder zurückgeschleudert wird. Erst als ein gutes Dutzend Bälle gleichzeitig abgefeuert wird und es zu einem Schlagabtausch kommt, der offensichtlich von keiner der Parteien beabsichtigt ist, entsteht sichtbare Erregung. Die Transparente flattern wieder hoch wie aufgeschreckte Vögel, stehen zitternd im Wind, unentschlossen, welche Richtung sie zu nehmen haben – aber dann straffen sie sich und organisieren die Formierung der Köpfe unter sich.

»Nazis raus!« Der erste deutlich verstandene Ruf. »Nazis raus!«

Das Lachen des rechten Blocks wird noch lauter, und ich fürchte schon, daß sie sich zusammenfinden zu einer geschlossenen Front – aber das Gelächter ist wohl nur das Kriegsgeschrei einer ängstlichen Vorhut. Sie schwingen ihre Waffen, die vorgestreckte rechte Hand, aber sie treten den Rückzug an.

Und das Ganze könnte auch die Aufführung eines Puppenspiels gewesen sein. Wenn da nicht Belgin wäre, die sich ängstlich an die Wand der Turnhalle drückt und, fest umschlossen von ihrer Clique, dennoch so allein ist, wie ein Mensch nur sein kann.

Carsten, Mario und ihre Mitläufer kehren sich ab, wenden sich zum Schulhofeingang. Eine lärmende Meute, die den Eindruck erweckt, als kehrte sie von einem ausgelassenen Kegelausflug zurück. Und die anderen sehen ihnen nach wie zufällig vorbeilaufenden Spaziergängern. Die Angelegenheit ist erledigt. Der Gegner ist gegangen und läßt die Versuchung zurück, das Ende der Versammlung Kapitulation zu nennen.

»Haben Sie an die Möglichkeit gedacht, daß es zu Ausschreitungen kommen könnte?« fragte ich Herrn Hattkämper.

Der zuckt die Achseln. »Es sollte doch eine friedliche Demonstration sein.«

»Weiß man, wie diejenigen reagieren, die sich angegriffen fühlen?«

»Sie haben recht.« Tucker scheint es zu dämmern. Und nun trifft mich auch wieder einmal ein wohlwollender Blick vom Bauchnabel bis zu den Fußgelenken. »Die Sache hätte organisiert werden müssen. Strategisch geplant. Unter unserer Aufsicht.«

»Es sollte eine spontane Aktion sein«, korrigiert Herr Hattkämper. »Wir können Schülermeinungen doch nicht beaufsichtigen.«

Tucker denkt nach. »Also gut. Es ist ja auch nichts passiert.«

»Natürlich ist etwas passiert«, wende ich ein. »Eine Gruppe Jugendlicher jedenfalls hat sich von den friedlichen Absichten der Demo distanziert. Jeder von uns hat unter ihnen eigene Schüler erkannt. Es ist wichtig, daß wir herausfinden, wie es um diese Jugendlichen bestellt ist. Wo sie stehen. Was sie denken. Was sie tun. Wie beeinflußbar sie sind.«

Eine gewisse Nachdenklichkeit macht sich breit, die

Frau Sternberg bald durchschneidet. »Ist das meine Sache? Darum sollten sich die Eltern kümmern.«
»Natürlich«, unterstütze ich Frau Sternberg scheinheilig. »Ich bin auch dieser Meinung. Wenn aber die Eltern sich dieser Pflicht entziehen? Wir müssen herausfinden, wie weit der Einfluß der Eltern reicht. Ob er zu wecken, zu aktivieren, zu stärken ist – bei jedem einzelnen dieser Jugendlichen. Und wenn das Elternhaus versagt...«
Ich sehe in Frau Sternbergs abweisendes, Frau Rubenbauers erschrockenes, Herrn Hattkämpers ängstliches, Dr. Bangs zweifelndes und Tuckers gereiztes Gesicht.
»Ich bin nur für diese Schule zuständig«, sagt unser Schulleiter. »Nur was hier geschieht, geht mich etwas an.«
»Genau!« bestätigt Frau Rubenbauer erleichtert.
Und Frau Sternberg nickt bekräftigend. »Wo kommen wir denn da hin...«
Ich wende mich an Tucker. »Was geschieht eigentlich mit Frank und Carsten?«
Tucker bläht den Brustkorb. »Was Frank angeht...«
»Ich weiß, Sie haben Ordnungsmaßnahmen angeordnet. Aber muß nicht auch etwas geschehen, was Folgetaten verhindert? Muß nicht ein Täter-Opfer-Ausgleich stattfinden? Zwischen Frank und Belgin muß es zu einer Versöhnung kommen, die für die Aussöhnung zwischen Türken und politisch Rechten schlechthin stehen kann. Dem Opfer muß die Angst genommen werden und dem Täter die Sorge, sein Gesicht zu verlieren, wenn er zum Umdenken veranlaßt wird. Wenn die Reaktion auf Franks Verhalten nur Strafe ist, besteht die Gefahr, daß er sich irgendwann rächen wird.«

»Wir waren uns doch einig...«, beginnt Tucker zu protestieren.
»Und was soll eigentlich mit Carsten geschehen?« fahre ich fort. »Carsten hat in einer Auseinandersetzung ein Messer gezogen. Keiner von uns weiß, warum. Sollen wir schweigen und abwarten, ob Carsten noch einmal eine Waffe zückt?«
»Aber es ist doch nichts passiert!« ruft Dr. Bang.
»Wollen wir erst handeln, wenn etwas passiert ist? Wenn jemand ernsthaft verletzt worden ist?«
Tucker windet sich in kleinen, unauffälligen Schritten zur Tür. »Nichts wird so heiß gegessen, wie es gekocht wird. Wir helfen dem Jungen nicht, wenn wir ihn zum Verbrecher machen.«
»Aber wir müssen ihm die Dimension seines Handelns klarmachen. Ihm und auch Frank. Es hilft nichts, ihn in eine andere Klasse zu versetzen. Frank und Carsten müssen begreifen, daß Gewalt nicht toleriert wird. Unter keinen Umständen!«
»Ja, aber die Eltern...«
»Und auch Mario! Er ist zwar nur ein Gesinnungslump, ein Schreihals, der Spaß an allem Destruktiven hat. Aber auch er muß begreifen, daß sein Gebrüll ebenso verletzend sein kann wie die Schneide eines Messers. Und daß er mit seinem Schlagring seine potentielle Gewaltbereitschaft verrät.«

»Ja, aber die Eltern...«
»Marios Eltern können Sie vergessen. Die haben nicht den geringsten Einfluß auf ihren Sohn. Vermutlich ist er ihnen inzwischen auch völlig gleichgültig oder sein Verhalten unverständlich. Höchstwahrscheinlich sogar beides. Mit Carstens Mutter habe ich telefoniert. Sie scheint unfähig zu einer wirklichkeitsnahen Erziehung

zu sein. Und was Franks Eltern angeht . . . Ich werde sie heute nachmittag aufsuchen. Große Hoffnungen habe ich allerdings nicht.«

»Warum nicht?« fragt Tucker ohne Interesse. Ich bin sicher, daß er mich auf einem Nebenschauplatz aufhalten will, bis die Hauptstraße wieder frei ist für zügigen Verkehr.

Und weil ich ihn durchschaue, gönne ich ihm keine Antwort. »Was soll also mit Frank geschehen?« wiederhole ich statt dessen.

»Ich werde mir das überlegen«, antwortet Tucker. »Vielleicht ist es sinnvoll, mit dem Schulrat zu telefonieren und dessen Meinung zu erfragen. Aber ich sage Ihnen gleich – ich halte nicht viel davon, aus einem Jungen mit einem Messer in der Hosentasche gleich einen Kriminellen zu machen. Wenn ich bedenke, was wir als Jungen mit unseren Taschenmessern angestellt haben . . . Nicht auszudenken, wenn uns ein übereifriger Reformer daraus einen Strick gedreht hätte! So etwas kann zu einem Teufelskreis werden!«

Tucker ist die Flucht geglückt. Wieder einmal hat er es geschafft, die Tür zu einem Problem von außen zu schließen und wegzulaufen, bevor die Hilferufe von innen herausdringen.

»Die Sekretärin wird jetzt außer der Reihe den Gong in Gang setzen«, verkündet er. »Es wird Zeit, daß der Unterricht beginnt.«

An der Tür wendet er sich noch einmal um. »Die Demo könnte Anlaß zu einem Unterrichtsgespräch sein, meine Herrschaften! Sie wissen doch, der Oberbürgermeister hat uns Unterrichtsmaterial zur Verfügung gestellt . . .«

Weg ist er. Und froh, sich um den realen Knopfdruck

eines Schulgongs kümmern zu können, dessen Ton bald darauf über den Hof weht.
Aus dem gestauten Fluß da draußen wird eine träge Strömung. Einige erheben sich vom Boden, andere zeigen sich völlig unbeeindruckt vom außerplanmäßigen Signal des Schulleiters. Und da jeder, der sich umsieht, feststellt, daß die Zahl der Demonstranten etwa auf die Hälfte geschrumpft ist, scheint ohnehin keine Eile geboten zu sein. Warum sich um Pünktlichkeit bemühen, wenn zu erwarten ist, daß die, die zu spät kommen, noch einen weiten Vorsprung vor denen haben werden, die die Gunst der Stunde nutzen, sich der ersten Unterrichtsstunde gänzlich zu entziehen?
»Das Café, der Bäcker und die Eisdiele werden wieder aus den Nähten platzen«, vermute ich.
Dr. Bang sieht sorgenvoll auf den Hof hinunter. »Sie werden sicherlich auf dem Weg in ihre Klassen sein.«
Ich lausche auf den Flur hinaus. »Im Haus ist noch alles ruhig. Nein, nein, die Gelegenheit ist günstig. Ich wette darum, daß die Demo für viele eine willkommene Gelegenheit war, den Unterrichtsbeginn zu verschieben.«
Herr Hattkämper sieht plötzlich ängstlich aus. »Hoffentlich passiert niemandem etwas. Schließlich fehlte der Demo die Aufsicht. Wenn jetzt jemand in einen Unfall verwickelt wird, bin ich schuld.«
»Unsinn!« versuche ich ihn zu beruhigen. »Niemand hat die Erlaubnis, den Schulhof zu verlassen. Wer es trotzdem tut, ist selber schuld.«
Herr Hattkämper sieht mich zweifelnd an. »Ihr Wort in Gottes Ohr. Aber Sie werden sehen – sollte jemals ein Schuldiger gesucht werden, wird er hier im Lehrerzimmer gefunden.«
Als die ersten Schritte über die Treppenstufen stapfen

und das helle Gelächter der Mädchen nach und nach überrauscht wird von mehrstimmiger Meute, nehme ich meine Tasche und mache mich auf den Weg. Vor der Tür zum Klassenzimmer stehen drei Schüler.
»Die anderen müssen jeden Augenblick da sein«, besänftigt mich Birgit, bevor ich Gelegenheit habe, die bekannte Frage zu stellen. »Wahrscheinlich diskutieren sie noch«, ergänzt sie und lacht mich dabei so freimütig an, daß ich mich mit dieser Erklärung erst einmal zufriedengebe.
Als sich jedoch die erste Stunde dem Ende zuneigt und der Klassenbestand sich nur geringfügig aufgefüllt hat, werde ich ungeduldig.
»Warum müßt ihr aus einer friedlichen Demo prompt eine unfreundliche Auseinandersetzung machen?«
Aufgebracht nehme ich das Klassenbuch zur Hand. »Denjenigen, die jetzt noch nicht da sind, vermerke ich ihr Zuspätkommen als unentschuldigte Fehlzeit.«
Ich sehe nicht hoch, um mir den Anblick der spöttisch grinsenden Gesichter zu ersparen. Natürlich bewegt es niemanden, wenn eine solche Eintragung hinter einem Namen erscheint.
»Unentschuldigt gefehlt!« »Ohne Begründung zu spät gekommen!« »Notorisches Zuspätkommen ohne Entschuldigung und Begründung!« »Häufiges Versäumen einzelner Unterrichtsstunden, besonders der Eckstunden am Anfang oder Ende eines Schultages!«
Vermerke im Klassenbuch, denen niemand Beachtung schenkt, weil sie in der Tat bedeutungslos zu sein scheinen. Sie stehen da und verweigern ansonsten jede weitere Aussage. Stehen einfach nur da. Ein Vorwurf, dem niemand nachgeht, eine Vorhaltung, die keiner zu entkräften versucht, ein Verschulden, das weder bewiesen

noch geleugnet wird. Denn sowohl die Überführung des Schuldigen als auch die Entlastung des Unschuldigen sind genauso unerheblich wie dieser Vermerk im Klassenbuch. Und wenn ich dem Kultusminister jetzt mein Leid klagte, würde er sicherlich ein weiteres Mal von dem pädagogischen Geschick eines Lehrers sprechen, das den Schüler zur Pünktlichkeit anhält und jeden Zwang damit von vornherein überflüssig macht.
Denise schiebt sich in die Klasse. An ihrem Kinn klebt ein Rest von Vanilleeis. Sie leckt sich die Finger, während sie zu ihrem Platz geht, und sieht mich provozierend an. »Ich war demonstrieren.«
»Du warst Eis essen.«
»Nee, ich war demonstrieren.«
»Ich auch«, klingt es von der Tür her. Elke hält die Brötchentüte noch in der Hand. »Demonstrieren macht Schmacht«, grinst sie.
Damians Erscheinen löst eine lautstarke Reaktion aus, die aus einem Gemisch von Bewunderung, Empörung, Neid und Abfälligkeit besteht. Damian trägt einen schwarzen Ledertrench und dazu einen Hut mit breiter Krempe. Er sieht aus wie ein jugendlicher Mafioso.
Als der Sturm sich gelegt hat, frage ich: »Du warst vermutlich auch durch die Demonstration am pünktlichen Erscheinen gehindert?«
Damian sieht mich an, als hätte ich ihm zugemutet, zur Strafe für sein Zuspätkommen drei Vaterunser aufzusagen. »Glauben Sie, ich setze mich mit diesen Edelklamotten in den Dreck?« Herausfordernd sieht er in die Runde. »Das überlasse ich denen, die es nötig haben.«
Gemächlich begibt er sich an seinen Platz. »Ich komme mit Ausländern nicht in Berührung. Also interessieren sie mich nicht. Und ihre Gewalt auch nicht.«

»Moment mal!« entgegne ich irritiert. »Da hast du aber etwas mißverstanden. Wenn wir von Gewalt reden ...«
»Interessiert mich nicht!« Damian schält sich aus seinem Hirschleder und drückt sich den Hut fester auf den Kopf. »Interessiert mich alles nicht.«
Birgit springt erregt auf. »Du meinst wohl, mit dem Schotter von deinem Alten kannst du dir 'ne eigene Weltanschauung kaufen?«
Ein aufgeregter Tumult setzt ein, in dem es Norbert gelingt, sich unauffällig in die Klasse zu drücken. Die Erklärung, die er mir zuwirft, geht im Getöse unter.
Damian zieht sich seinen Hut noch weiter in die Stirn und gibt vor, an dem Durcheinander nicht interessiert zu sein.
»Der hat in seinem Ballon nichts als Knete!«
»Denkst du, die Welt ist voller Mäuse und alle sind für dich?!«
»Fahren wir mal mit deinem Straßensegler zum Asylantenwohnheim?«
»Dann gibt's Bambule ...«
Damian blickt in die Runde. »Was wollt ihr eigentlich? Ich bin doch kein Rechter.«
»Dann wärst du wenigstens etwas Eigenes!«
»Immer noch besser, als den Affen machen!«
Als allmählich wieder Ruhe einkehrt, sagt Rita: »Gar nichts zu tun ist beinahe noch schlimmer, als etwas Falsches zu tun.«
Alle starren sie verblüfft an. Daß Rita sich äußert, ist selten genug – daß sie etwas sagt, was einen sprudelnden Streit jäh zum Versiegen bringt, ist noch nie dagewesen.
»Darüber müssen wir reden!« Unverzüglich fange ich den Ball auf, den Rita mir zugeworfen hat. Nicht

schlecht, was sie da gesagt hat. Eine Behauptung, von der sich außer Damian niemand angegriffen fühlen muß. Eine geeignete Basis also für einen Dialog.
Damian zieht seinen Gameboy aus der Tasche. »Kein' Bock«, sagte er, und schon zirpen die Retortentöne durch die Klasse.
»Damian, steck den Gameboy weg.«
»Warum? Was jetzt kommt, interessiert mich nicht.«
»Ich will, daß du wenigstens zuhörst.«
»Kann ich auch bei Tetris.«
»Es ist eine grobe Unhöflichkeit, dein Desinteresse so deutlich zur Schau zu stellen.«
»Gar nichts zu tun ist schlimmer, als etwas Falsches zu tun – war es nicht so?« grinst Damian.
Im Sturm der Entrüstung, der erneut über die Bankreihen fegt, öffnet sich ein weiteres Mal die Tür. Carsten und Mario sind die letzten, die zum Unterricht erscheinen.
»Blöde Nazis!« Die Aufmerksamkeit wendet sich schlagartig von Damian ab.
»Rechtes Arschloch!«
Der Lärm ist so gewaltig, daß es mir nicht gelingt, ihm meine Stimme überzustülpen.
Erst als Mario zu lachen anfängt und amüsiert in die Runde zeigt, womit er vorgibt, einen gewaltigen Spaß inszeniert zu haben, dem alle aufgesessen sind, legt sich der Lärm allmählich.
»Total witzig!« johlt Mario. »Ihr fallt ja wirklich auf alles rein.«
Carsten sieht sich gelangweilt um. »Alles Scheiße.«
»Ein Joke«, kreischt Mario. »Bärenstarke Inszenierung!«
Carsten läßt sich auf seinen Stuhl fallen. »Ätzend.«
Es gelingt mir nicht herauszufinden, was Carsten wider-

wärtig findet, Mario dagegen amüsiert. Aber ich will es auch nicht wissen. Ich möchte von den Unruhen des Wortgefechts zu einem Unterrichtsthema gelangen, selbst dann, wenn es nicht in den Lehrplan passen sollte. Ein Thema, das vereinigen kann, das ein Ziel kennt, einen Weg dorthin und eine Einsicht.

»Was Rita eben zu bedenken gab«, versuche ich anzustimmen, »sollten wir gemeinsam erörtern . . .«

Wissen diese Kinder eigentlich, daß ich hier vorne stehe? Daß ich mit ihnen sprechen will? Ihr Problem diskutieren möchte?

»Ihr gehört ja in die Klapsmühle«, sagt Birgit verächtlich, und damit hat sich das Thema der »blöden Nazis« für die meisten erschöpft.

Mario bemüht sich weiterhin um einen mildernden Übergang, indem er nicht aufhört, sein Vergnügen zu verbildlichen. Unermüdlich schlägt er sich auf die Schenkel, kichert in sich hinein und schüttelt amüsiert den Kopf. Hin und wieder blickt er zu Carsten hinüber, sieht dessen mürrisches Gesicht und fängt gleich wieder an, sich vor Lachen die Seiten zu halten.

Nachdem zwei weitere Versuche, mir Gehör zu verschaffen, nichts gefruchtet haben, fallen mir Professor Buchheims Ich-Botschaften ein. Professor Buchheim war der Überzeugung, daß die richtigen Ich-Botschaften erstaunliche Ergebnisse hervorbringen. Schüler, so sagte er, seien oft überrascht, wenn sie hörten, wie ihre Lehrer empfinden. Denn sie ahnen häufig nicht, wie ihr Verhalten auf andere wirkt. Beim Verfolgen ihrer eigenen Ziele sind sie sich des Eindrucks, den ihr Verhalten hinterlassen kann, vollkommen unbewußt. Also muß es ihnen gesagt werden – und sie verhalten sich dann gewöhnlich rücksichtsvoller. »Sie teilen Ihren Schülern

Ihre Gedanken, Ihre Empfindungen mit, ohne sie mit einem Vorwurf zu ergänzen, ohne eine Forderung einzuschmuggeln.« Und Gedankenlosigkeit sollte sich bald darauf in Aufmerksamkeit verwandeln!
»Ich bin gekränkt darüber, daß ihr mich nicht zu Wort kommen laßt«, teile ich meiner Klasse mit.
Kurze Verblüffung, dann leises Gelächter. »Ach, nee!«
Ja, ja, Professor Buchheim, die Ich-Botschaft war nicht klar. Ich habe den Fehler gemacht, meine Botschaft zu mißbrauchen für einen massiven Vorwurf.
»Ich bin richtig deprimiert, weil ich mit euch sprechen möchte und dazu nicht in der Lage bin.«
Jetzt war die Ich-Botschaft unmißverständlich. Ich habe meine Empfindung präzise ausgedrückt und dabei offen gelassen, wie sie zustande gekommen ist. Wie werden die Schüler meine Mitteilung aufnehmen? Nach Professor Buchheim müßten sie jetzt überrascht aufmerken und Betroffenheit signalisieren.
Überrascht sind sie in der Tat. Aber nur kurz, dann haben sie sich schon mit meiner Depression abgefunden und wenden sich wieder ihren Interessen zu, die sich längst nicht mehr um Carsten und Mario drehen. Mario läßt mittlerweile nur noch ein gelegentliches leises Meckern hören, während Carsten seinen Kopf an die Wand lehnt und über die Köpfe seiner Mitschüler hinweg aus dem Fenster starrt.
Die nächste Ich-Botschaft: »Ich bin hier, um ein Unterrichtsgespräch mit euch zu führen. Und ich finde, daß ich ein Recht darauf habe, angehört zu werden.«
Professor Buchheim, was habe ich damals nur bei Ihnen gelernt? Unbrauchbar, alles unbrauchbar!
»Ruhe, verdammt noch mal! Wer jetzt nicht den Mund hält, kann was erleben!«

Sie haben oft gesagt, daß Macht funktioniert, Professor Buchheim, haben aber nie vergessen zu ergänzen, daß sie unter bestimmten Bedingungen völlig unwirksam sei. Die Voraussetzung für Macht ist, sie zu besitzen. Dafür müssen Belohnungen attraktiv genug und Bestrafungen überzeugend genug sein. Und der Unterlegene muß abhängig sein. Macht funktioniert nur so lange, wie einer in der Position der Schwäche, des Wünschens, des Bedürfnisses, des Mangels und der Hilflosigkeit ist. Sobald sich die Bedingungen verändern, wird die Macht unwirksam. Und wo einmal nichts als Macht funktioniert hat, wird nichts übrigbleiben, was ein Miteinander befriedigend regeln könnte.
Macht war einmal die Stütze des Lehrers. Dann jedoch gab er sie freiwillig aus der Hand. Kein Pädagoge wollte mehr die Macht einsetzen, und durch die emanzipatorische Erziehung wurde sie dann auch ein für allemal für sinnwidrig erklärt. Aber nun ist beides verloren! Und was soll Vermittler werden zwischen Rückschritt und Fortschritt? Die freiheitliche Pädagogik ist gescheitert, die Machtausübung währenddessen paralysiert worden. Denn die Schüler sind nicht mehr in der Position der Schwäche, des Wünschens, des Bedürfnisses, des Mangels und schon gar nicht der Hilflosigkeit. Die Bedingungen haben sich geändert. Wenn von Macht die Rede sein kann, dann ist sie jetzt auf der Seite der Schüler. Warum wird diese Macht toleriert?
Ich selbst befinde mich in der Position der Schwäche, denn meine Überzeugungskraft ist mir genommen worden. In der Position des Wünschens, denn was einmal selbstverständlich war, ist mehr und mehr zum unerfüllbaren Wunsch geworden. In der Position des Bedürfnisses, denn meine Pflicht, der ich nachkom-

men will und muß, bleibt einmal mehr unerfüllt, obwohl mein Bedürfnis ungestillt ist. In der Position des Mangels, weil mir alle Rechte, die mir doch zustehen sollten, abhanden gekommen sind. Und ich befinde mich in der Position der Hilflosigkeit, weil weder meine Ich-Botschaften noch die Macht oder die Anleitung zur freien und damit richtigen Entscheidung funktionieren.

Ich hole tief Luft, um zu einem weiteren verzweifelten Machtausbruch auszuholen, wenn er auch noch so unwirksam sein sollte ... Da wird die Tür aufgerissen, und der Hausmeister steht im Raum.

»Da ist er ja. Habe ich den Mistkerl endlich erwischt!«

Mit ausgestrecktem Zeigefinger geht er auf Mario zu, zerrt ihn am Jackenkragen von seinem Stuhl und stößt ihn vor sich her. »Du wirst mir nicht noch einmal in die Cafeteria pinkeln! Sonst kannst du dich auf ein mittleres Erdbeben gefaßt machen! Und jetzt wischt du die Ecke wieder sauber, du Ferkel! Oder meinst du etwa, die Putzfrauen sind dafür zuständig?«

Ich stehe starr vor Schrecken da und sehe untätig zu, wie der Hausmeister meinen Schüler in seinen Klauen hält, der anscheinend ebenso überrascht ist wie ich. Jedenfalls tut er nichts, um sich zur Wehr zu setzen.

»Gestern morgen während des Unterrichts«, stößt der Hausmeister hervor und drängt Mario zur Tür. »Schauen Sie mal im Klassenbuch nach. Vermutlich hat der Bengel eine Stunde geschwänzt.«

Auf dem Gang scheint wieder Leben in Mario gekommen zu sein. »Willst du aufhören, dich zu sträuben!« höre ich den Hausmeister brüllen. »Du nimmst jetzt einen Putzlappen in die Hand ...«

Machtausübung! Die körperliche Kraft des Hausmei-

sters ist größer als Marios, und damit ist Mario in die Position der Schwäche geraten. Und die Macht des Hausmeisters funktioniert.
»Von wegen geschwänzt«, grinst Norbert. »Vom Unterricht ausgeschlossen wurde er. Und diese Ordnungsmaßnahme setzt nach Paragraph 14 ASchO eine Klassenkonferenz voraus. Mario hatte ein Recht auf Teilnahme am Unterricht. Sie durften gar nicht allein die Entscheidung treffen, ihn vom Unterricht auszuschließen.«
Die Schadenfreude läßt sein ganzes Gesicht leuchten und greift sofort auf alle anderen Mienen über. Die Macht triumphiert.
Da ertönt das Klingelzeichen. Die komplette Übermacht drängt sich an mir vorbei, ohne mich, die Hilflosigkeit, zu beachten. Ich bleibe zurück, allein, isoliert. Und habe wieder einmal nichts ausgerichtet. Im Gegenteil, ein weiteres Problem, für das ich mich werde rechtfertigen müssen, ist aufgetaucht. Es wird nicht lange dauern, und ich werde Tucker erklären müssen, warum Mario Gelegenheit hatte, unbemerkt in eine Ecke der Cafeteria zu pinkeln. Ich habe mich zu einem Nagetier zurückgebildet, das seinen Tag damit verbringt, durch ein Laufrad zu hetzen. Der Unterschied ist nur, daß ich mehr Verstand habe als ein Hamster und im Gegensatz zu ihm weiß, daß ich laufe und laufe, ohne auch nur einen Meter voranzukommen.

Tucker hat eine Konferenz einberufen. Wie immer läßt er zwar zu, daß der Unterricht für diese Beratung zehn Minuten früher endet, aber – auch wie immer – läßt er uns exakt diese zehn Minuten warten.

»Sie haben in meiner Klasse schon heute die Englischarbeiten zurückgegeben«, sagt Dr. Bang anerkennend zu Frau Sternberg, die den Ruf hat, mehrere Wochen für die Korrektur einer einzigen Klassenarbeit zu benötigen.
»Natürlich«, entgegnet sie gelassen und beschäftigt sich angestrengt mit der Kaffeemaschine.
Dr. Bang sieht alle anderen fragend an, als vermute er hinter diesem unerwarteten Diensteifer einen besonderen Grund.
Herr Hattkämper liefert ihn prompt. »Haben Sie es noch nicht gehört?« flüstert er. »Frau Sternberg soll einen Studenten engagiert haben, der gegen geringe Bezahlung ihre Arbeiten nachsieht.« Er lächelt in unsere entgeisterten Gesichter. »Das ist ihr ihre Freizeit wert.«
Während mir vor Verblüffung die Worte fehlen, glaube ich in Herrn Stockerbaums Gesicht lesen zu können, wie er im Geiste seine Einkommensverhältnisse überprüft, um festzustellen, ob er sich auch einen derartigen Service leisten könnte. »Nein«, beschließt er dann kategorisch. »Das ist ja eine unmögliche Dienstauffassung!«
Tucker erscheint als der freundliche Kollege, bestenfalls als Primus inter pares, händereibend jovial. Eine Art, mit der er sich regelmäßig eine Tasse Kaffee aus der Kaffeekasse des Kollegiums erschleicht. Leutselig läßt er sich in unserer Mitte nieder.
»Es wird Zeit, daß wir einmal das Problem der Unpünktlichkeit besprechen. Die Unpünktlichkeit der Schüler meine ich«, ergänzt er überflüssigerweise. Oder will er vorbeugend einen Kollegen, den er nicht kennt und von dessen Unzuverlässigkeit er nichts weiß, verunsichern und die Unpünktlichkeit so im Keime ersticken? Und warum sieht er mich bei diesen Worten besonders ein-

dringlich an? Sind meine Schüler etwa unpünktlicher als andere? Und wenn – was kann ich dafür?
»Daß das Leistungsniveau immer weiter sinkt...«, schon wieder versieht er mich mit diesem nachdrücklichen Blick, »... hat seine Ursache gewiß im nachlassenden Leistungswillen der Schüler und in einer mangelnden Übung der Disziplin. Fehler des Elternhauses und der Grundschule, die wir nicht mehr ausbügeln können.«
Da macht er es sich ja wieder ziemlich einfach, der gute Tucker! Und sieht mich dabei an, als hätte er mich in meiner Meinung bestätigt und bestärkt. Fürchtet er vielleicht meinen Widerstand gegen das, was nun kommen soll? Ich weiß doch, daß Tucker nichts so sehr haßt wie Widerspruch oder auch nur eine gegenteilige Auffassung. Von einer Diskussion in angenehmer Atmosphäre spricht er immer dann, wenn sein Monolog nichts als Kopfnicken hervorgerufen hat.
»Wir müssen uns also Maßnahmen überlegen, wie die Folgen der Unpünktlichkeit eingeschränkt werden können.«
»Die Folgen?« Ich sehe ihn erstaunt an. »Nicht die Folgen müssen wir bekämpfen, sondern die Unpünktlichkeit selbst.«
»Soweit es uns möglich ist, natürlich.« Tucker sieht fragend in die Runde. »Aber wer von uns kennt nicht dieses Problem und die eigene Einflußlosigkeit?«
Er jedenfalls nicht. Die wenigen Unterrichtsstunden, die er als Schulleiter neben seinen Verwaltungsaufgaben erteilen muß, sucht er sich selber nach ganz besonderen Kriterien aus: hübsch eingebettet in mindestens zwei Eckstunden, möglichst unproblematische Klassen und beliebte Fächer, die kaum Korrekturen nach sich

ziehen. Tucker ist der quälende Alltag eines Lehrers gar nicht mehr vertraut.
Trotzdem scheinen sich meine Kollegen endlich einmal verstanden zu fühlen. Dankbar blicken sie Tucker an, als hätte er ihre Probleme nicht nur erkannt, sondern auch schon gelöst.
»Es gibt Klassen«, Tucker nimmt ein Blatt mit Aufzeichnungen zur Hand, »in denen der Lehrer mit dem Stoff nicht weiterkommt, wenn er sein Fach ausschließlich in der ersten Stunde unterrichtet. Die Arbeit verzögert sich durch die vielen Nachzügler, neuer Stoff kann frühestens eine Viertelstunde nach Unterrichtsbeginn aufgegriffen werden, der thematische Umfang der Klassenarbeiten schrumpft auf ein absolut notwendiges Minimum zusammen, was natürlich auch daran liegt, daß die Zuspätkommenden den Unterricht stören, den Unterrichtsfluß hemmen ... Wir müssen bei der Aufstellung des nächsten Stundenplans diese Besonderheiten berücksichtigen.«
Eigentlich bin ich sicher, Tucker nicht richtig verstanden zu haben. Es ist doch unmöglich, daß er das meint, was ich akustisch aufgenommen habe. Deshalb frage ich vorsichtig nach: »Sie meinen, es ist gängige Unterrichtspraxis, daß auf die Nachzügler Rücksicht genommen wird? Daß die pünktlichen Schüler Unterricht versäumen, weil bereitwillig auf alle anderen gewartet wird?«
Der Hinweis auf die Ungerechtigkeit, die die verläßlichen Schüler hinnehmen müssen, gefällt Tucker nicht.
»Natürlich sollte es nicht so sein ... Aber wir leben nun einmal in einer Gemeinschaft, aus der niemand ausgegrenzt werden darf, deren Einheitlichkeit nicht nur von den positiven Charakteren, sondern auch von negativen Elementen bestimmt wird – bestimmt werden

muß. Sie auszugliedern hieße ja, eine elitäre Ausbildung zu fördern.«

Es würde mich nicht wundern, wenn Schaum vor meinen Mund getreten ist. »Sie wollen damit sagen, daß es mittlerweile als elitär gilt, Pünktlichkeit zu erwarten und zu bekommen?«

Tucker verdreht die Augen. »Du lieber Himmel, nun drehen Sie mir doch nicht das Wort im Munde um.« Die Geringschätzigkeit, mit der er meinen Einwurf behandelt, zeigt, daß er hier, vor versammeltem Kollegium, nicht mein aufbrausendes Temperament anprangern, sondern meine sachliche Kompetenz in Frage stellen will. Infam!

»Natürlich«, fährt Tucker mit der seufzend zur Schau getragenen Geduld eines übermäßig Geplagten fort. »Natürlich soll Pünktlichkeit nach wie vor eine selbstverständliche Pflicht sein. Aber es wäre doch verbohrt, nicht zur Kenntnis nehmen zu wollen, daß diese alten Werte rückläufig sind. Wollen Sie sich etwa weigern, gesellschaftlichen Strömungen Beachtung zu schenken?«

»Damit sie zu einem reißenden Strom werden können?« frage ich zurück. »Nun, beachten will ich sie wohl – es bleibt mir auch gar nichts anderes übrig –, aber tolerieren will ich sie nicht. Auf keinen Fall!«

»Auch Sie werden nicht um die Einsicht herumkommen, daß die gute alte Zeit einer neuen gewichen ist.«

Nun will er mich gar mit den Waffen meiner Großmutter schlagen? Das ist die Höhe!

»Ich hätte auch lieber eine friedliche kleine Dorfschule«, fährt Tucker fort, »in der der Lehrer nur einmal mit dem Rohrstock aufs Pult klopfen mußte, um die Kinder in Reih und Glied, mit gefalteten Händen und mucksmäuschenstill vor sich zu sehen. Wollen Sie etwa zu diesem nostalgischen Drill zurückkehren?«

Ich ringe nach Worten, da mir nur solche durch den Kopf schießen, die – ausgesprochen – mindestens eine Strafversetzung zur Folge hätten, während Frau Rubenbauer durch Kopfnicken unserem Vorgesetzten Beifall für seine muntere kleine Übertreibung spendet.

Herr Hattkämper kommt mir zu Hilfe. »Ich habe auch kein Patentrezept gegen die Unpünktlichkeit und das Schwänzen. Aber ich wehre mich ebenfalls ganz entschieden dagegen, beides zu tolerieren. Ich leide genug darunter, sie hinnehmen zu müssen. Und das ist das Äußerste, was uns zugemutet werden kann.«

Frau Rubenbauer nickt schon wieder. Möge ihr doch der Kopf herunterfallen vom vielen Nicken in alle Richtungen!

Tucker, der sich auf eine unverfängliche Fehde zwischen Barett und Minirock eingestellt hatte, will sich anscheinend nicht auf einen Konflikt mit dem gesamten Kollegium einlassen. »Ich will Ruhe in meiner Schule«, erklärt er kurz und bündig. »Es gab in letzter Zeit zu viel Aufruhr. Die Schulbehörde wünscht ausdrücklich einen reibungslosen Unterrichtsablauf, und auch einige Eltern verlangen kategorisch das Entgegenkommen, das ihre Kinder zu optimalen Leistungen führt.«

Aha, Tucker ist in Bedrängnis geraten. Er hat sich unter Druck setzen lassen von der Behörde, die nichts hören will von Gewalttätigkeiten und Demonstrationen, und von Eltern, die die Basis fordern, auf der ihre Kinder die besten Noten erreichen können.

Umständlich legt er die Bedeutung der Annäherung des Lehrers an die veränderte pädagogische Umwelt dar. Von einer Anpassung der Schüler kann keine Rede sein!

Diesem drohenden Mißerfolg setzt Tucker sich nicht aus. Kompromisse kann man nur von Lehrern erwarten und verlangen, nicht von Schülern. Mit Rücksicht auf deren zeitsparende Mentalität und die »Rückläufigkeit der alten Werte« soll also in Zukunft der Stundenplan aufgestellt werden. Nebenfächer werden fortan in den Randstunden unterrichtet, Hauptfächer bevorzugt in der dritten und vierten Unterrichtsstunde. Damit, so meint Tucker, ist gewährleistet, daß diejenigen, die gerne länger schlafen, in der ersten Stunde nichts Wesentliches versäumen, und diejenigen, die gern schon vor dem letzten Klingelzeichen zu McDonald's ziehen, sich nichts entgehen lassen, was für die Erlangung eines Schulabschlusses notwendig ist.
»Die Religions- und Kunstlehrer werden in der ersten und sechsten Stunde miteinander Skat spielen können«, quittierte ich Tuckers Erläuterungen. »Wie sollen eigentlich Noten für diese Fächer zustande kommen?«
»Nun schütten Sie doch nicht das Kind mit dem Badewasser aus!« fährt Tucker mich an. »Möglicherweise motiviert ein Nebenfach die Schüler eher zum pünktlichen Erscheinen als ein Hauptfach, das leistungsorientiert unterrichtet wird und damit manchen Jugendlichen ängstigt und seine Leistungsbereitschaft schon vor Schulbeginn blockiert. Wenn dagegen ein künstlerisches Fach den Übergang zwischen Leistungshemmnis und Motivation überbrückt, wäre es doch für uns alle ein schöner Erfolg, von der zweiten Unterrichtsstunde an lernbegierige Schüler vor uns sitzen zu haben.«
Während Tuckers Argumentation nehme ich mir vor, meine Gegenstimme zu mäßigen und meinem Schulleiter nicht die Waffe in die Hand zu geben, mit der er am erfolgreichsten meine Kommentare attackiert: die, die

er meinen Jähzorn und mein cholerisches Temperament nennt.
Ganz ruhig und sachlich also versuche ich zu entgegnen: »Ich meine, wenn man überhaupt so weit gehen will, die Unzuverlässigkeiten der Schüler im Stundenplan zu berücksichtigen, dann müßte die Reaktion genau umgekehrt sein. Die wichtigsten Fächer gehören in die Randstunden, damit die Schüler entweder pünktlich erscheinen oder aber über kurz oder lang so große Probleme mit dem Unterrichtsstoff bekommen, daß sie dadurch zur Pünktlichkeit angehalten werden.«
»Das wäre ja der Terror einer Diktatur gegen die Demokratisierungsbemühungen einer abhängigen Schicht«, sagt die junge Referendarin. »Es muß doch weiterhin unser Ziel bleiben, die Schüler für das Lernen zu begeistern, damit sie pünktlich zum Unterricht erscheinen. Sie müssen davon überzeugt werden, daß sie ein interessantes Bildungsangebot versäumen, wenn sie nicht am Unterricht teilnehmen.«
»Nach zwanzig Schuljahren sprechen wir uns einmal wieder«, brummt Dr. Bang.
Und im Gesicht der eifrigen Referendarin spiegelt sich das Empfinden wider, das mich beherrschte, wenn mein Vater mir die eigenen Erfahrungen ersparen wollte, indem er mich an seinen teilhaben ließ.
Frau Rubenbauer hat zu ihrer Selbstverleugnung zurückgefunden. Sie bestreitet energisch, daß das Problem der Unpünktlichkeit in ihrer Klasse existiert, obwohl es jeder von uns besser weiß. »Wenn es dann doch einmal geschieht«, erklärt Frau Rubenbauer mit leuchtenden Augen, »nehme ich den Betreffenden ins Gebet, weise ihn auf die Nachteile hin, die unentschuldigtes Fehlen für ihn haben wird, und anschließend

läuft der Unterricht ungestört. Man muß ihnen zeigen«, ergänzt sie kichernd, »wer der Herr im Hause ist.« Beifallheischend sieht sie sich um, blickt von einem Gesicht ins andere, ohne daß auch nur ein einziges bereits wäre, ihren banalen Scherz mit einem Lächeln zu honorieren. Sie steigert ihr Kichern zu einem keuchenden Lachen, will unsere Anerkennung locken, gar erzwingen – da endlich gönnt Frau Sternberg ihr das ersehnte zustimmende Lächeln, und Frau Rubenbauer gibt sich zufrieden.

»Gar nicht drum kümmern«, wirft Dr. Bang ein. »Die Unpünktlichkeit ignorieren, damit die Nachzügler aufgrund der besonderen Bedeutung, die sie erfahren, nicht gedrängt werden, immer wieder diese Aufmerksamkeit hervorzurufen. Den Stoff durchziehen und jede Wissenslücke, die durch versäumten Unterricht entstanden ist, mit einer schlechten Note belegen. Das ist die einzige Möglichkeit!«

Herr Stockerbaum ist entsetzt. »Die armen jungen Leute! Man kann ihnen doch ein wenig entgegenkommen. Wenn man nun in der ersten Stunde ein bißchen wiederholt, und erst dann, wenn alle da sind . . .«

»Das wäre ja noch schöner!« brausen Herr Hattkämper und ich gemeinsam auf.

»Du lieber Himmel!« Frau Sternberg schlägt die Hände über dem Kopf zusammen. »Man sollte nicht so ein Gewese um dieses Problem machen. Wir können ja sowieso nichts ausrichten. Die Schüler machen, was sie wollen, also sollte man sie auch lassen. Keiner von uns wird an der Unpünktlichkeit etwas ändern, also ist es das beste, sich nicht weiter darum zu kümmern und sich vor allen Dingen nicht darüber zu ärgern.

Diese leichtfertige Auffassung von Disziplin und Ordnung kann Tucker nicht durchgehen lassen. »Wir müssen unermüdlich darum bemüht sein, am Schülermaterial zu arbeiten«, ermahnt er Frau Sternberg eindringlich und beendet die Konferenz mit der Feststellung, daß er in seiner Überzeugung bestätigt worden sei. Die Diskussion habe zweifelsfrei ergeben, daß sein Vorschlag, den Stundenplan gemäß den unumstößlichen Realitäten zu ändern, das geeignete Mittel sei, die Schüler auf den rechten Weg zurückzuführen.

Da habe auch ich mich im Verlaufe dieser Konferenz tapfer auf dem sogenannten rechten Wege gehalten, weil ich mir vorgenommen hatte, nicht über den rechten oder linken Rand meiner Selbstbeherrschung hinauszuweichen. Also verzichte ich jetzt auch auf die Frage, wie Tucker zu diesem Fazit gekommen ist. Das lähmende Gefühl der Resignation übermannt mich. Und wieder diese Müdigkeit!

Hat meine Aufgabe, die ich einmal Berufung nannte, eigentlich noch einen Sinn? Und wenn nicht – soll ich etwa zwanzig weitere Dienstjahre etwas Sinnloses tun? Ich denke an Tessa und ihren Secondhand-Laden. Es ist zwecklos, die pädagogische Arbeit mit der Aufgabe des An- und Verkaufs von Secondhand-Artikeln zu vergleichen, aber vielleicht kommt es auch gar nicht auf eine objektive Beurteilung an, sondern vielmehr auf den Instinkt, der Bedeutungen emotional ertastet, einschätzt und danach einordnet oder aussondert. Eine objektiv sinnvolle Mission kann nur eine sein, die mein subjektives Bedürfnis befriedigt und zudem die Notwendigkeit in Betracht zieht, mich und die meinen zu ernähren. Und das könnte ich auch als Stenotypistin. Vorausgesetzt nur, daß ich mich unverblendet dafür entscheiden kann.

Das Haus, in dem Frank mit seinen Eltern wohnt, ist Teil einer endlosen Reihe, die sich an einer stark befahrenen Straße entlangzieht. Gelb getünchte Fassaden, winzige Vorgärten, die zunächst der verbreiterten Fahrbahn, dann dem notwendigen Radweg weichen mußten und jetzt nicht mehr sind als der vorgestülpte Saum der Kellerfenster. Weitere Klingelknöpfe sind über die ohnehin lange Reihe geflickt worden. Ein bis unter die Dachspitze vermietetes Haus. Franks Name gehört zu den wenigen deutschen. Wie mag er mit den ausländischen Nachbarn zurechtkommen?
Bilkes wohnen im fünften Stock. Im Haus ist es still, als ich die Treppe hinaufsteige, nur die Holzstufen knarren so laut, daß ich unwillkürlich bemüht bin, vorsichtig aufzutreten. In jeder Etage schiele ich auf die Namensschilder neben den Wohnungstüren. Noch eine weitere Treppe! Bis ich schließlich am Ende der Stufen angekommen bin und die Auswahl zwischen drei Türen habe.
Bevor ich die Namen auf den Schildern studieren kann, wird eine der Türen geöffnet.
»Frau Bilke?«
»Ja. Wollen Sie hereinkommen?«
Die Frage macht mich unsicher. Warum zeigt sie mir so deutlich, daß ich ein ungebetener Gast bin? Ist es nicht überflüssig zu erklären, daß ich Franks Probleme unmöglich im Treppenhaus mit ihr besprechen kann?
Frau Bilke führt mich in ihre Küche. Ein feuchter Kochdunst kommt mir entgegen. Die Fenster sind beschlagen von dem Wrasen, der stoßweise unter dem Deckel des großen Topfes hervorschnaubt. Frau Bilke hebt den Deckel an und legt ihn schräg über den Topf. Der Dampf steigt nun senkrecht zur Zimmerdecke.

»Setzen Sie sich.« Frau Bilke zeigt auf die Eckbank am Fenster.
Ich schiebe einen Stoß Bügelwäsche zur Seite und nehme Platz.
»Kaffee?«
Ich betrachte die dunkel ausgeschlagenen Becher, die auf dem Tisch stehen, und schüttele den Kopf. »Nein, danke, es wird ja auch nicht lange dauern.«
Das scheint sie freundlicher zu stimmen. Sie nimmt mir gegenüber Platz, legt die Hände auf der Tischplatte übereinander und sieht mich an. »Was ist denn nun mit Frank?«
Ich blicke in ihr blasses, abgespanntes Gesicht und kämpfe mit der Versuchung, Franks Verfehlung zu bagatellisieren. Zu gerne würde ich dieser Frau etwas sagen, was sie nicht bestärken muß in der Überzeugung, daß das Leben voller Ungerechtigkeiten steckt und immer der kleine Mann die größten Niederlagen hinzunehmen hat.
»Sie wissen, was Ihr Sohn getan hat?«
Frau Bilke zuckt die Schultern. »Er hat sich gestritten. So was kommt doch öfter mal vor.«
»Nein! Er hat sich nicht gestritten. Er hat ein türkisches Mädchen als ›Ausländersau‹ beschimpft.«
»Vielleicht hat er einen Grund gehabt.«
»Einen Grund? Was meinen Sie?«
Frau Bilke zuckt schon wieder die Achseln. »Was weiß ich. Die Mädchen fordern die Jungen ja oft heraus.«
»Haben Sie mit Frank über den Vorfall gesprochen?«
Nun läßt Frau Bilke die Schultern gleich oben, als wollte sie ihren Kopf zwischen ihnen verstecken. »Er hat gesagt, daß es Zoff in der Schule gegeben hat und daß er jetzt für eine Woche nicht hin muß.«

»... nicht hin darf. Er ist vom Unterricht ausgeschlossen worden.«

»Er jobbt jetzt eine Woche auf dem Bau.«

»Frau Bilke, mich traf Franks Ausbruch überraschend – wissen Sie etwas von seinen Neigungen? Hat er Kontakt zur rechten Szene? Hat er sich einer rechtsextremistischen Vereinigung angeschlossen?«

Frau Bilke läßt die Schultern fallen. »Keine Ahnung. Ich weiß schon lange nicht mehr, was der Frank so macht.«

Die Küchentür öffnet sich, ein unrasiertes Gesicht schaut herein, Frau Bilkes Hände fahren nervös über die Tischplatte, nachdem die Tür wieder ins Schloß gefallen ist. »Mein Mann. Er will seinen Kaffee. Hat eine Aushilfsarbeit bekommen. Für vier Wochen. Die Schicht fängt gleich an.«

Ich verstehe zunächst nicht. Bis ich schließlich begreife, daß ich im Wege bin. »Stört es Ihren Mann, daß ich Sie aufgesucht habe?«

»Er will seine Ruhe haben.« Frau Bilke erhebt sich, nimmt einen Kaffeebecher, füllt ihn aus der Thermoskanne, die schon bereitsteht, und geht zur Tür. »Kannst deinen Kaffee ja auch im Wohnzimmer trinken«, höre ich sie sagen.

Eine Männerstimme brummt etwas Unverständliches zurück, dann erscheint Frau Bilke wieder in der Küche. Selbstbewußter jetzt. Als habe sie bisher geschwankt zwischen zwei Meinungen und sich nun für eine Auffassung entschieden. Sie setzt sich nicht wieder zu mir, sondern lehnt sich an den Küchenschrank, die Hände vor der Brust gekreuzt. »Das ist zur Zeit doch so eine Mode. Wenn zwei sich streiten und einer ist zufällig Ausländer, dann heißt es gleich, der andere ist ein Neonazi.«

»Ich glaube, Sie machen es sich ein bißchen zu einfach, Frau Bilke.«
»So, mache ich das?« Wie eine Stichflamme ist die Aggression in ihr hochgeschossen. »Weil Sie eine Studierte sind, können Sie mir das sagen? Daß ich es mir zu einfach mache? Und wenn schon! Alles andere ist schon schwer genug. Warum soll ich es mir nicht da, wo es geht, ein bißchen einfacher machen? Und ich weiß auch gar nicht, warum Sie das alles noch was angeht. Frank soll doch in eine andere Klasse. Also wird er auch einen anderen Klassenlehrer bekommen, oder?«
Ich beuge mich so weit wie möglich über die Tischplatte. »Frau Bilke, Sie haben mich mißverstanden, wenn Sie glauben, daß ich mit Vorwürfen zu Ihnen gekommen bin. Ich will Ihnen doch nur helfen. Ihnen und Frank. Man kann den Jungen doch nicht diesen Weg weiterlaufen lassen. Wir müssen doch versuchen, ihn zurückzuholen.«
»Welchen Weg meinen Sie?«
»Diesen . . . Er scheint sich zu verrennen in Ausländerhaß und gewaltsame Lösungen.«
»Woher wollen Sie wissen, daß Franks Weg nicht der richtige ist?« Sie sieht mich feindselig an. »Sie haben zu Frank auch gesagt, daß Sie ihm helfen wollen. Und was haben Sie getan? Beschimpft haben Sie ihn. Und beim Direktor angeschwärzt haben Sie ihn auch. Soll ihm das vielleicht helfen?«
Mir wird unbehaglich zumute. Natürlich könnte ich Frau Bilke erklären, daß der Fall ihres Sohnes sich im Nu selbständig gemacht hat und meinen Händen entglitten ist. Daß es keine Möglichkeit gab, ihn im Verborgenen zu lösen.
»Ich glaube nicht, daß Frank dadurch geholfen wird,

daß man seine Verfehlungen beschönigt oder gar vertuscht. Was wir erreichen müssen, ist, daß Frank über seine Probleme redet und sie nicht durch Gewalt zu lösen versucht. Wie er sich Dr. Bang gegenüber verhalten hat ...«
»Wer ist Dr. Bang?«
»Der Lehrer, den er geschlagen hat.«
Nun ist Frau Bilke der Schrecken deutlich anzusehen. Augenscheinlich hat sie nichts davon gewußt, daß Frank einen Lehrer angegriffen hat. Aber sie rettet sich aus ihrer Bestürzung. Wie Frank verfügt auch sie über einen Mechanismus für die Abwehr von Konflikten, denen sie sich nicht gewachsen fühlt. Sie steht auf, geht zum Fenster und wendet mir den Rücken zu. »Ich habe keinen Einfluß mehr auf Frank«, stößt sie hervor. Schon lange nicht mehr. Was kann ich machen? Gar nichts!«
Sie dreht sich um und sieht mich mit einer Hilflosigkeit an, die wie ein Triumph über den Gefühlen steht, mit denen sie mich ablehnt. »Ich kann nichts machen.«
Wieder öffnet sich die Küchentür. Diesmal ist das Gesicht glatt rasiert. »Noch nicht fertig?«
»Doch, gleich.«
Ich ertrage die Zurückweisung nicht länger, greife nach meiner Handtasche und erhebe mich. »Tut mir leid, daß ich Sie so lange aufgehalten habe. Ich sehe ein, daß es sinnlos war, Ihre Zeit zu beanspruchen.«
»Hat meine Frau doch gleich gesagt«, knurrt der große, kräftige Mann, der Franks regungsloses Gesicht und auch seine undurchdringlichen Augen hat. »Der Frank kommt und geht, wann er will. Auf uns hört er nicht mehr. Wenn ich ihm Prügel androhe, kommt er tagelang nicht nach Hause. Also lasse ich es.«
Er greift nach der Butterbrotdose, die seine Frau ihm

hinhält. »Noch ein Jahr, dann wird er achtzehn. Dann soll er ausziehen, und wir haben mit dem ganzen Theater nichts mehr zu tun.«

Er dreht sich zum Gehen, wirft aber noch einen argwöhnischen Blick zurück. Ich spüre, daß er es nicht gutheißt, wenn ich noch bei seiner Frau bleibe.

Ich strecke Frau Bilke die Hand hin. »Schade.«

Sie entzieht mir ihre spröde Rechte schnell wieder. »Wird schon werden.«

Ich steige hinter Herrn Bilke die Treppe hinab, starre auf seinen wulstigen Nacken, während ich versuche, den Rhythmus seiner Schritte aufzunehmen. Als ich zehn Stufen hinter ihm im Erdgeschoß anlange, ist Bilke schon durch die Kellertür verschwunden. Ich höre seine schweren Schritte auf der Treppe, dann das Schnappen eines Fahrradschlosses und lasse die Haustür offenstehen. Als Herr Bilke sein Fahrrad die Treppe hochwuchtet, bin ich schon an den Mülltonnen vorbei. Am liebsten würde ich rennen, so schnell wie möglich wieder in meinem Auto sitzen. Aber ich zwinge mich, gelassen weiterzugehen, bis ich hinter mir das rhythmische Quietschen einer Fahrradkette höre. Erst als Bilke an mir vorüber ist, beschleunige ich meinen Schritt, haste zum Auto, schließe es mit fliegenden Fingern auf und lasse mich erleichtert in den Sitz fallen. Nur weg von hier!

Ich bin auf der Suche nach einem Verbündeten. Ich brauche unbedingt jemanden, der meine Niedergeschlagenheit ernst nimmt, der Verständnis hat und mir zeigt, daß ich nicht allein bin, einen, der mich in meiner

Machtlosigkeit bestätigt. Ich will niemanden, der mir erklärt, daß doch alles ganz einfach sei, wenn ich es nur richtig anginge. Niemanden, der sich eine zweifelsfreie Meinung erlaubt, nur weil er einmal zur Schule gegangen ist, vor zehn, zwanzig Jahren. Niemanden, der aus dieser abgelaufenen Erfahrung weiß, wie einfach es für einen Lehrer ist, sich durchzusetzen, und wie schwierig für einen Schüler, der Macht des Lehrers etwas entgegenzusetzen.

»Schule ist doch ganz leicht! Zugegeben, das Kräfteverhältnis hat sich verschoben, aber das war ja auch bitter nötig. Wie hätte die Erziehung sich emanzipieren können, ohne Einfluß auf die Schulpädagogik zu nehmen? Also mußte auch der Lehrer einen Teil seines Machtbereichs aufgeben, aber es fällt den Lehrern wohl schwer, das hinzunehmen, was?«

Nein, dieses Wortgeklingel bin ich wirklich leid. Gegen diese Platitüden will ich mich auch nicht mehr verteidigen, und ich möchte auch nicht mehr um Verständnis bitten oder gar flehen. Ich will es geschenkt bekommen von einem, der meine Erbitterung begreift. Einem, der die moderne Schule nicht kennt und auch nicht behauptet, sie zu kennen. Von einem, der aber mich kennt und deswegen wissen muß, daß meine Empfindungen, so, wie ich sie schildere, nicht Statthalter sind für etwas ganz anderes, für uneingestandene Schwäche etwa oder Unfähigkeit.

Gesa und Tobias, denen ich Mittag für Mittag zur Verfügung stehe für ihren eigenen Überdruß, können mir keine Partner sein in der gemeinsamen Ernüchterung. Sie stehen hinter der feindlichen Demarkationslinie und sind auch am »grünen Tisch« im Eßzimmer nicht bereit, die jahrhundertalte Feindschaft zu vergessen.

»Da stimmt doch irgend etwas nicht«, sagt mein Mann, auf den eigentlich alle Merkmale des idealen Gesprächspartners zutreffen. »Dein Beruf kann doch nicht so schwer sein. Als Lehrer sagt man, wo es langgeht, und dann läuft es.«
»Das ist deine Erfahrung!« entgegne ich hitzig. »Früher lief das so. Heute nicht mehr. Heute weigern sich Schüler einfach, den Anordnungen des Lehrers nachzukommen. Sie weigern sich sogar, grundsätzliche Bestimmungen anzuerkennen und zu befolgen. Sie kümmern sich nicht um die Hausordnung, nicht um die Anwesenheitspflicht und nicht um die Pflicht, pünktlich zum Unterricht zu erscheinen ...«
»Na, denen würde ich etwas erzählen«, verkündet mein Mann.
»Was erzählen? Sie legen den Kopf auf die Tischplatte und halten ein Nickerchen, wenn du ihnen etwas erzählst. Außerdem sind nur noch die wenigsten in der Lage, mehr als drei vollständigen Sätzen zu folgen. Wenn sie auch dem vierten noch zuhören und ihn verstehen sollen, bist du schon gezwungen, eine Art Comic-Sprache anzuwenden oder nach Art der Werbespots zu verfahren. Ein eindrucksvoller Slogan, optische Stimulanz, mehrmaliges Wiederholen derselben Behauptung in unterschiedlichen Klischees, und dann Schnitt, und der nächste Spot.«
Mein Mann brüskiert mich mit einem spöttischen Lächeln. »Du arbeitest doch nicht in einer Schule für Lernbehinderte?«
»Eigentlich nicht, aber ich bin sicher, daß vor zwanzig Jahren viele meiner Schüler in einer solchen Sonderschule gelandet wären, vorausgesetzt, sie hätten sich so verhalten wie heute.«

»Vielleicht bist du einfach gegen Gleichberechtigung in der Schule und möchtest die alte Vorherrschaft der Lehrer verteidigen?«
»Gleichberechtigung wäre wunderbar. Wenn ich die gleichen Rechte wie meine Schüler hätte, ginge es mir gut. Aber heute müssen die Lehrer das erdulden, worunter früher die Schüler litten: die Tyrannei einer Übermacht.«
»Du übertreibst.« Mein Mann gähnt herzhaft, wahrscheinlich um zu signalisieren, daß das Thema ihn ermüdet.
Meine Nerven zerreißen mit einem schrillen Pfeifen, das sich auf der Stelle wie ein gewaltiges Summen in meinem Kopf ausbreitet. »Ich übertreibe?« schreie ich los. »Muß ich erst in der Irrenanstalt landen, damit man mir glaubt?«
Nun habe ich meinem Mann einen Grund für einen zügigen Abgang geliefert. »Wenn du auf die kleinste Provokation so reagierst, wundert mich nichts.«
Das ist zuviel. Ich habe diesen Abend mit einem Mann wie Tucker verbracht, habe Tucker mein Herz geöffnet. Soll ich mich jetzt zu Tucker ins Bett legen?
Ich gehe ins Schlafzimmer, nehme mein Bettzeug und trage es ins Gästezimmer.
»Schrecklich empfindlich bist du wieder«, sagt mein Mann, der in der Tür steht und nun augenscheinlich um Versöhnlichkeit bemüht ist. »Wenn du mit deiner Arbeit unglücklich bist, mußt du eben aufhören. Wir können notfalls auch von meinem Gehalt leben.«

Freitag

Gebt der Schule endlich schulfrei!

... Selten war das Lehrerimage so tief im Keller. Eine ratlose Gesellschaft hat angesichts einer Generation von Jugendlichen, die sich zurückzuziehen scheint in Konsum- und Videoseligkeit, die – verzappelt und konfus, dumpf und aggressiv – sich unempfänglich gibt für alles, was uns wert, lieb und teuer ist, längst ihre Sündenböcke gefunden: Schuld sind die kaputten Familien, das Fernsehen – und vor allem die Lehrer.

In solchem Klima sinkt die Schulpolitik auf Stammtischniveau. Es soll wieder Leistung her und stramme Führung anstelle der antiautoritären Fisimatenten von »Konfliktpädagogen«. Die Bildungspolitik scheint Schulen, Schüler und Lehrer aufgegeben zu haben und ihre Anstrengungen allenfalls darauf zu richten, wie man den gesamten Apparat billiger machen kann: zwölf Schuljahre statt dreizehn, Erhöhung der Klassenfrequenzen und des Lehrerstundendeputats, Neueinstellungen nur im Notfall. Und haben die Finanzpolitiker nicht recht? Fatalismus greift um sich: Da dem Schulwesen nicht mehr zu helfen ist, soll es wenigstens weniger kosten. Dann werden eben die Klassen noch voller, der Unterricht noch dürftiger, die Schüler noch dümmer und die Lehrer noch kränker ...

DIE ZEIT

Schon seit den frühen Morgenstunden regnet es. Als Zentrum einer riesigen Wasserfontäne schießt die Potenzbürste in einem riskanten Überholmanöver an mir vorbei. Schon vor der nächsten Ampel jedoch schließt mein Mini wieder auf. Aber dann zeigt Damian mir, was seine Autofahrerpotenz hergibt. Der Wechsel von rotem auf gelbes Licht versetzt ihn bereits in höchste Erregung. Das Dröhnen seines BMW-Motors schwillt an in dem flüchtigen Augenblick, bis die Farbe Grün die Bereitschaft zum hemmungslosen Akt meldet. Und dann gibt Damian sich der Wollust seiner PS-Kräfte hin. Das letzte Hemmnis, ein vor ihm gemächlich anfahrender Kleinwagen, wird rigoros überwunden durch einen überlegenen Start, indem Damian seinen BMW an dem Vordermann vorbeistößt in den Gegenverkehr hinein, der sich glücklicherweise nur träge in Gang gesetzt hat. Erschrockenes Ducken aller Motorhauben – dann ist Damian vorbei. Ich sehe die Bremsleuchten seines Wagens aufblitzen, als er das Ende der nächsten Autoschlange vor einer weiteren Ampel erreicht, kann den Wechsel zwischen den grau aufwehenden Regenschleiern und den bremsleuchten-rot-getränkten Fontänen beobachten – dann entfernt sich die Unruhe, die Damian erzeugt, über die nächste Kreuzung, die Fahrzeugschlange wird wieder zu einer verschlafenen Reihe, die sich müde in die Stadt schiebt.

Frau Sternberg hat Hofaufsicht. Ich sehe sie zitternd unter einem riesigen Schirm Stellung beziehen. Hoffentlich hält sie lange genug durch. Sonst muß ich später, die ich im Erdgeschoß des Gebäudes Aufsicht zu halten habe, die Schülerscharen zurückdrängen, die Frau Sternbergs Überwachung entkommen sind und zu einer Zeit in die Flure drängen, die die Hausordnung und

Tucker nicht zulassen. Bei trockenem Wetter haben die Schüler den Unterrichtsbeginn auf dem Schulhof abzuwarten, bei Regenwetter oder kalter Witterung in dem großen Aufenthaltsraum des Kellergeschosses, in dem der Hausmeister sich dann vergeblich bemüht, die Raucher, denen das Rauchen im Schulgebäude verboten ist, von denen zu trennen, die sich durch den dichten Qualm gestört fühlen.
Prompt steigen zwei Mädchen die Kellertreppe hoch und stöhnen. »Diese Luft da unten! Zum Schneiden!« Sie sehen mich fragend an. »Wir kommen doch in den Flur? Oder schicken Sie uns etwa wieder in den Regen?«
Ich schüttele den Kopf. »Setzt euch in den Lichthof.«
In dieser Ausbuchtung, die jeden der Flure in Klassenzimmerbreite zum Schulhof öffnet und mit Licht versieht, sind zwischen den zahlreichen Maueröffnungen Bänke angebracht. Trotz dieser einladenden Ausstattung sind die Lichthöfe nicht zum Aufenthalt von Schülern bestimmt. Denn vor dem Unterrichtsbeginn dürfen sie die Flure und die Klassenzimmer nicht betreten, damit ihre Zerstörungswut auf einen möglichst kleinen, überschaubaren Raum beschränkt bleibt, und während der Pause müssen sie aus demselben Grund in den engen, übersichtlichen Raum zurück oder hinaus auf den Schulhof, wo es kaum Zielpunkte für ihren Vandalismus gibt. Die Aufsicht, die vor Unterrichtsbeginn und in den Pausen in den zwei Fluren des Gebäudes eingesetzt wird, bewacht also nicht nur die anwesenden Schüler, sondern kontrolliert vor allem deren Abwesenheit und sorgt dafür, daß jeder unbefugte Eindringling sofort wieder zurückgedrängt wird.
Ich mag diese Aufsicht nicht, weil sie immer wieder zu Auseinandersetzungen führt, in denen mir die Argu-

mente ausgehen. Das Beispiel, das Tucker dazu veranlaßt hat, die Hausordnung, die die Stadtverwaltung als Schulträger erlassen hat, in diesem Punkt strikt einzuhalten, verliert mehr und mehr an Überzeugungskraft. Da hatte nämlich der Hausmeister mehrere eindrucksvolle Grünpflanzen in üppigen Kübeln in den Lichthöfen aufgestellt. Das feierliche Ambiente einer Aussegnungshalle, das so entstanden war, war auf dem besten Wege, sich zum Stolz der Schule zu entwickeln, da begannen die Zimmerlinden und Gummibäume plötzlich zu kränkeln. Mit hängenden Zweigen standen sie da und verloren zum Entsetzen des Hausmeisters und seiner Frau ein Blatt nach dem anderen. Das sofortige Umtopfen, das sie von ihren Leiden befreien sollte, brachte es an den Tag: Die Kübel steckten voller Zigarettenkippen, und der üble Geruch, der der Blumenerde entströmte, ließ den Verdacht aufkommen, daß mindestens einmal, wahrscheinlich des öfteren, in die Pflanzentröge uriniert worden war. Die Empörung darüber war einhellig. Schüler, die den Pflanzenschmuck unserer Schule nicht zu würdigen wußten, mußten von ihm ferngehalten werden. Und damit wollte man endlich auch der abgebrochenen Kleiderhaken, abgerissenen Türklinken, des zerbrochenen Bilderglases und der beschmutzten und bemalten Wände Herr werden. Einleuchtende Gründe also, um die Hausordnung auch weiterhin durchzusetzen.

Daß dennoch die Argumentation schwerfällt, wenn durchgefrorene oder naßgeregnete Schüler und solche, die der Enge und dem Qualm des Aufenthaltsraums entfliehen wollen, vor der Treppe zum Erdgeschoß stehen und hinaufgehen möchten, liegt daran, daß die Gesundheit der Grünpflanzen nach wie vor angegriffen ist, daß

auch weiterhin Kleiderhaken und Türklinken abgerissen werden und täglich mindestens einmal Glasscherben wegzufegen sind. Ob mit Hausordnung oder ohne – die Zerstörungswütigen finden immer einen Weg und einen Gegenstand für ihren Vandalismus.
Ich merke auf, als ich Schritte auf der Treppe höre. Es ist Herr Hattkämper, der da die Stufen hochsteigt. Aufmerksam sieht er sich um, bevor er mir einen Gruß zunickt, und ich bedeute den beiden Schülerinnen mit einer unmißverständlichen Kopfbewegung, den Schutz des Mauervorsprungs auf keinen Fall aufzugeben. Herr Hattkämper fühlt sich nämlich in seiner Ehre gekränkt, wenn ein Kollege seiner Aufsichtspflicht nicht gewissenhaft nachkommt, weil ihm selbst die Aufgabe obliegt, die Aufsichtspläne aufzustellen. Nachlässigkeiten in der Durchführung seiner wohldurchdachten Organisation faßt er als persönliche Beleidigung auf. Wohlgefällig nickt er mir noch einmal zu, bevor er weiter die Treppe hochsteigt. Und ich genieße für wenige Augenblicke ein altes, noch vertrautes, aber dennoch längst vergangenes Gefühl der Kumpanei. Schüler wie die beiden, die sich jetzt in den Schutz des Lichthofes drücken, haben in meinen ersten Berufsjahren häufig Zustimmung von mir bekommen, da, wo andere Kollegen ein Verbot aussprachen. Damals wollte ich der vertraute Freund der Schüler sein. Und ich war es auch. Jahr für Jahr. Und dann von Jahr zu Jahr weniger. Die Freundschaft ging in die Brüche, nachdem es immer häufiger Unzuverlässigkeiten auf beiden Seiten gegeben hatte.
In jeder Klasse mehrten sich die, die Gefallen daran fanden, in die alte Feindschaft zurückzukehren, die plötzlich wieder anziehend geworden war, nachdem das

Kräfteverhältnis sich geändert hatte. Die Übermacht der Lehrer hatte abgenommen bis hin zur Gleichberechtigung zwischen Lehrern und Schülern, wenn es auch manchmal nur eine Pseudogleichstellung war, die großenteils nur rhetorischen oder Darstellungswert besaß. Jedenfalls verließen die Lehrer, mehr oder weniger gern, das erhöhte Pult, auf dem sie bisher gethront hatten, und begaben sich hinab auf die Ebene der Schüler, wo es Pflichten, Verbote und Strafen gab. Nun, in der gleichen Rangordnung, wurde es notwendig, auch die Pflichten und Aufgaben einander anzugleichen, und sogar die Rechte.
Die Übergriffe wurden zu einem ähnlichen Erlebnis wie der Trikot-Tausch nach dem Abpfiff eines Fußballspiels. Zwar wird man durch das Hemd mit dem Symbol eines anderen Vereins nicht automatisch zu dessen Mitglied, aber es verbrüdert, den Schweiß eines anderen auf die eigene Haut zu lassen, und es macht Spaß, sich zu verkleiden und vorübergehend in die Rolle eines anderen zu schlüpfen. Doch der Spaß ist vorbei, wenn nicht mehr wahrgenommen wird, daß unter dem Trikot des einen Vereins ein Mitglied des anderen steckt. Dann, wenn es nicht mehr nur um die Farbe und ein Emblem geht, zieht sich jeder das fremde Hemd wieder über den Kopf und greift zu seinem eigenen.
Die Schülerschaft schlüpfte also wieder in ihre eigenen Trikots und freute sich an dem Vorsprung, den sie unversehens gewonnen hatte. Die Lehrerschaft nämlich war inzwischen ihren Trikotagen entwachsen, mußte das Spiel ohne Kokarden fortsetzen, und oft wußte niemand, für welche Mannschaft sie eigentlich spielte. Und als die Lehrer dann endlich wieder begannen, sich der Statuten ihrer Altherren zu erinnern, hatten die

Gegner bereits so viele Tore geschossen, daß es unmöglich war, ihren Vorsprung wieder aufzuholen. Und einem derart überlegenen Gegenspieler wird der Jubel des Publikums gewiß sein, während die Schwäche des weit unterlegenen Kontrahenten nur Pfeifkonzerte herausfordert.

Die ersten Schüler, die ich unterrichtete, wurden meine Duzfreunde. Abgesehen davon, daß ich älter war als sie, unterschieden wir uns kaum voneinander. Ich trug die gleiche Kleidung wie sie, schöpfte aus demselben Wortschatz, prahlte mit ähnlichen Gewohnheiten und Vorlieben, machte mir ihre Überzeugungen zu eigen und sonnte mich in dem Bewußtsein, alte Zöpfe abgeschnitten zu haben. Ich war revolutionär. Und die Schüler achteten darauf, meinen Vornamen so laut zu rufen, daß jedermann Zeuge auch ihrer Neuorientierung werden mußte.

Ich stelle meine Tasche an die Wand unter die große Weltkarte, gehe in den Lichthof und sehe aus dem Fenster.

Es war nichts als ein mühsam zugespitzter Pfropf auf einer Flasche mit einer viel zu kleinen Öffnung! Wie können die Größenverhältnisse jemals wieder angepaßt werden?

Nur wenige Atemzüge lang habe ich am Fenster gestanden und dem Flur den Rücken zugewandt. Zeit genug, mindestens einem Dutzend Schüler die Gelegenheit zu verschaffen, die Treppe zum Erdgeschoß unbemerkt zu überwinden.

Aus der ersten Etage höre ich Frau Rubenbauers empörte Stimme. »Wirst du wohl wieder in den Hof hinuntergehen!«

»Da regnet es«, entgegnet eine Jungenstimme.

»Dann in den Aufenthaltsraum!«
»Ich muß aufs Klo.«
»Im Erdgeschoß...«
»Die sind alle verstopft.«
Eifrige Schritte klappern die Treppe herunter. »Stimmt es, was der Junge sagt?«
Ich grinse heuchlerisch. »Ja.«
»Skandalös!« Frau Rubenbauer schnappt aufgebracht nach Luft. »Wir müssen den Hausmeister verständigen!«
»Lassen Sie nur«, beschwichtige ich sie. »Es wird bereits daran gearbeitet.«
Das Kichern der Schülerinnen ist ein dürrer Applaus. Ich fühle mich nicht wohl. Weder in dieser Anerkennung noch in der Abwiegelung Frau Rubenbauers. Es ist zu spät für jede Kumpanei. Und wahrscheinlich war diese Art der Verbündung schon vor zwanzig Jahren keine statthafte Allianz.
Wo zehn Schüler stehen, versammeln sich im Nu auch zwanzig. Wenn ich beim ersten Schüler nicht strikt auf die Hausordnung verweise, ernte ich beim zwanzigsten bestenfalls einen Lacherfolg. Nervös sehe ich auf die Uhr. Zwei Minuten noch bis zum ersten Klingeln, das den Schülern gestattet, das Erdgeschoß zu betreten. Hoffentlich erscheint in diesen beiden Minuten nicht mein Schulleiter auf der Bildfläche.
Nein, Tucker ist es nicht, der mich bei meinem Hundert-Sekunden-Versäumnis ertappt. Aber Dr. Bang wirft einen nachdenklichen Blick in den langen Gang, ohne mich wahrzunehmen, die ich mittlerweile zum Teil einer größeren Ansammlung geworden bin. Trotz seiner überladenen Aktentasche, in der er mühsam seinen Unterrichtsstoff die Treppe hinaufschleppt, bringt er es noch fertig, einen Blick auf seine Armbanduhr zu wer-

fen. Ich sehe, wie er zögert, als überlege er, in den beiden Minuten, in denen hier der Hausordnung getrotzt wird, seine eigene Autorität einzusetzen. Glücklicherweise scheint ihm einzufallen, daß er mindestens fünf Minuten benötigte, wenn er versuchen wollte, den Gang gemäß den Wünschen des Schulträgers zu räumen. Wenn er nicht ohnehin nur Hohngelächter erntete. Also beschränkt Dr. Bang sich darauf, sein Mißfallen durch grimmiges Stirnrunzeln und einen griesgrämigen Blick deutlich zu bekunden, dann trägt er seine gewichtigen Unterrichtsinhalte die Treppe hoch.

Wo sind die jungen Kollegen geblieben, die damals, genau wie ich, einer Berufung folgten, von deren Bedeutung sie überzeugt waren? Die einsatzfreudig zum Unterricht erschienen und sich schon bald nach dem letzten Klingeln an die Nachbereitung ihrer Lektion machten? Sie alle haben einmal dazugehört: Dr. Bang, Herr Stockerbaum, Herr Hattkämper, Frau Sternberg und Frau Rubenbauer. Und Tessa. Ja, gerade Tessa gehörte zu den besonders engagierten Jungpädagogen. Und ausgerechnet sie warf das Handtuch als erste. Aber was mir damals so unverständlich war, erscheint mir jetzt geradezu unabdingbar. Natürlich wogen Enttäuschungen und Mißerfolge bei einer idealistischen Frau wie Tessa noch schwerer als bei denen, die weniger erfolgssicher waren. Und es war kein Wunder, daß Tessa mit ihrem hohen Anspruch die Fehlschläge nicht kompensieren konnte oder wollte. So wie Dr. Bang sie aufwiegt mit dem Unterrichtsstoff, der sich gegen keine seiner Maßnahmen wehrt. Und wie Frau Rubenbauer, die ihre Motivation aus ihrer Gabe schöpft, sich selbst zu belügen. Nein, Tessa konnte das nicht.

Endlich, das erste Klingeln! Nun halten sich die Schüler,

die mittlerweile das Erdgeschoß bevölkern, zu Recht hier auf. Ich durchwandere den Gang von einem Ende zum anderen. Noch zehn Minuten bis zum nächsten Leuten, das den Unterrichtsbeginn ankündigt und die Schüler vor die Klassenzimmertüren entläßt!
Ich komme an einer Gruppe Jungen vorbei. Vierzehn-, Fünfzehnjährige in engen Jeans, Springerstiefeln, alten Lederjacken, die Haare kurzgeschoren, übriggebliebene Büschel rosa oder grün gefärbt. Ihr Grölen beherrscht das akustische Umfeld. Wer sich nicht verdrückt hat, ordnet sich unter mit leiser Stimme und eingeschüchtertem Blick. Ich bin froh, daß es offensichtlich niemand darauf anlegt, diese drei zu provozieren. Man läßt sie krakeelen, läßt sie pöbeln. Es ist besser, sie gewähren zu lassen, als ihre Aggression herauszufordern.
Ja, es ist richtig, daß die Mitschüler so reagieren. Wir Lehrer tun das auch, weil diese Jugendlichen förmlich um Aufmerksamkeit zu betteln scheinen. Aber jeder weiß natürlich, daß das Brot, das sie erbetteln, prompt als Waffe eingesetzt würde. Also ist es vernünftig, ihnen nichts zu geben. Dennoch spüre ich in mir die Empörung hochkriechen, die nur von der kalten Beimischung der Hilflosigkeit am Überbrodeln gehindert wird. Es wäre objektiv unvernünftig, diese drei zu maßregeln, aber kann es richtig sein, die Angst vor ihrem Gegenschlag zur Duldung entarten zu lassen? Der Macht und der Angst andere Namen zu geben und sie Stärke und Toleranz zu nennen? Demnach verbündet sich die Angst gern mit rhetorischer Besänftigung zu einer feigen Beurteilung, die einen Frieden sichert, der nur eine andere Form von Krieg ist.
»Hast du schon mal versucht, eine dieser Türkinnen ins

Bett zu kriegen?« fragt einer der Jungen. »Die sind alle noch Jungfrauen. Was meinst du, was die für einen Trouble machen, wenn du ihnen unters Kopftuch willst.« Die anderen beiden trampeln vor Vergnügen. »Aber woher willst du wissen, was das für eine Kante ist? Du siehst ja nichts von ihr.«

»Scheißegal!« Der erste nickt zu einer Mädchengruppe hin, zu der auch drei türkische Mädchen gehören, die ihre Kopftücher tief in die Stirn gezogen haben. »Meinetwegen kann sie auch 'ne Nachtjacke sein. Aber eine, die sich sträubt . . . Das ist rattenscharf, sage ich euch.«

Ich habe vorgegeben, mit großem Interesse die Weltkarte zu betrachten. So vernünftig wie alle anderen. So klug wie alle anderen. Ihnen bloß keine Waffe in die Hand geben!

Aber dann scheint das Rauschen der Gespräche abzunehmen, geringfügig nur, kaum wahrnehmbar – jedenfalls werden die Stimmen der drei Jungen durchdringender, und ihre Spitzen und auch das Schweigen um sie herum scheinen sich auf mich zu konzentrieren. Auf mich ganz allein. Nein, ich kann es mir nicht erlauben, so vernünftig und klug wie meine Schüler zu sein.

Schon während ich auf sie zugehe, habe ich das Gefühl, eine Bühne zu betreten. Ich spüre die aufmerksamen Blicke und kann sogar in den drei Jungen eine Wachsamkeit ausmachen, die sich in ihrer gegensätzlichen Reaktion verrät. Alle drei wenden sich von mir ab, ihr Gebaren jedoch wird rauher, die Stimmen lauter, ihr Klang heiterer und so leichtfertig, daß die Unbefangenheit der drei im Nu zum Leugnen ihrer Schuld wird.

Ich weiß nicht, was ich ihnen erklären soll. Ich weiß nur, daß ich irgend etwas tun muß, daß ihre Angriffe nicht unbeantwortet bleiben dürfen.

»Wißt ihr eigentlich, was ihr da sagt?« frage ich leise, damit die Umstehenden meine Worte nicht hören können. Da ich mir meiner Wirkung nicht sicher bin und damit rechne, wieder einmal mein Gesicht zu verlieren, ist es mir lieber, die Zeugenschaft so klein wie möglich zu halten. Trotzdem werde ich gezwungen, meine Frage zu wiederholen. Sie war zu leise, um die drei zu zwingen, sie zu hören und zu beantworten. »Wißt ihr eigentlich, was ihr da sagt?«

Nun merken die Mitschüler im Umkreis von zehn Metern auf. »Ihr habt gerade davon gesprochen, daß ihr Freude daran habt, ein Mädchen zu vergewaltigen.«

»Nö, nö!« wehrt der mit den rosa Haaren ab. »Davon war keine Rede.« Er dreht sich zu seinem Publikum um. »Hat hier einer was von Vergewaltigung gehört?«

Es gibt sogar einige, die den Kopf schütteln. Nun, das sind vielleicht jene, die die Prahlerei der Jungen nicht mitangehört haben. Aber was ist mit denen, die sich umdrehen und auf ihren Rücken projizieren: Laßt mich in Ruhe, damit will ich nichts zu tun haben!?

Was ist eigentlich schlimmer? Gewalt anzuwenden oder sie zu ignorieren? In diesem Augenblick erbittert mich die Gleichgültigkeit ringsum mehr als das Gebaren dieser drei Störenfriede, die mit ihren bunten Hahnenkämmen auf dem Kopf, der bedrohlichen Aufmachung und ihrem Kriegsgeschrei von der eigenen Schwäche und Dummheit ablenken wollen. Dummheit und Gewalt – davon bin ich mittlerweile überzeugt – sind Nachbarn. Was aber lebt in Wohngemeinschaft mit der Gleichgültigkeit?

»Wenn ihr es nicht so gemeint habt, dann sagt es bitte.« Wenn sie ein bißchen Grips haben, werden sie doch nach diesem Rettungsring greifen!

»Räumt ein, daß ihr euch in der Ausdrucksweise geirrt habt und nicht daran denkt, einem Mädchen etwas zuleide zu tun.«
Warum ergreifen sie diese Chance nicht, ungeschoren aus der Sache herauszukommen? Sie brauchten nur ihre Worte zurückzunehmen, und sie und ich könnten froh sein, daß diese Angelegenheit im Sande verläuft. Ich werde dieser verbalen Roheit nachgehen müssen, wenn sich keiner der drei bereit erklärt, die Äußerung zumindest abzuschwächen. Aber ich bin so mutlos geworden im Verfolgen dieser Delikte. Soll ich wieder auf ein Ziel losgehen, das sich unversehens in Nebel auflöst? Bin ich nicht oft genug gefoppt worden mit einem pädagogischen Vorsatz, der mir wie einem Windhund am Start vor die Nase gehalten wurde? Nun lauf doch, lauf!
Professor Buchheim, wie habe ich Sie verehrt, damals. Sollte ich Sie jemals wiedertreffen, werde ich Ihnen in den Hintern treten!
Der mit den rosa Haaren scheint der Wortführer zu sein. Er bedenkt mich mit einem spöttischen Grinsen und wendet sich ab. Dreht sich einfach um, hält mir seinen lederfransengeschmückten Rücken hin und beschließt damit die Debatte. Meine Finger beginnen zu zittern. Wie gern würde ich ihn bei seinen Fransen packen und ihn zwingen, mir wieder ins Gesicht zu sehen und mir Rede und Antwort zu stehen. Von niemandem sonst würde ich mir diese brutale Form der Gleichgültigkeit gefallen lassen – bei einem Schüler habe ich keine andere Wahl. Alles, was ich jetzt tun könnte – hier, vor vielen Zeugen –, würde gegen mich verwendet werden. Selbst wenn mich dieser pinkgefleckte Bursche mit einem Faustschlag niederstreckte, bliebe ich doch die erfahrene Pädagogin, die kein Fingerspitzengefühl im

Umgang mit einem schwierigen, milieugeschädigten Halbwüchsigen gezeigt hat, und der Junge wäre das verirrte Kind, das als Opfer der Gewaltverherrlichung im Fernsehen, der nonverbalen Auseinandersetzungen in seinem Elternhaus und der fehlenden Zukunftsperspektiven zu dem einzigen Mittel gegriffen hätte, das ihm im Umgang mit Mitmenschen zur Verfügung steht: Gewalt. Sehr bedauerlich, so wird die Gesellschaft vor den Schulhofmauern kopfnickend bestätigen, aber wahr. Und dafür werden die Lehrer ja schließlich bezahlt, oder? Und das nicht schlecht! Und dann die vielen Ferien . . .!
Während auch die anderen beiden, die sich mit schnellen Blicken nach rechts und links der zustimmenden Anteilnahme aller anwesenden Mitschüler versichert haben, ihrer Leitfigur nacheifern und sich ebenfalls von mir wegdrehen, als sei ich einer Auseinandersetzung nicht wert, fingert der Rosagebüschelte eine Zigarette aus der Innentasche seiner Jacke.
»Hier wird nicht geraucht!« Ich bin froh, zu einem konkreten Sachverhalt Stellung nehmen zu können, und merke zu spät, daß ich in eine Falle getappt bin. »Du wirst hier nicht rauchen!«
Der Jüngling beehrt mich nun wieder mit dem Anblick seines hohngrinsenden Gesichts. »Claro! Wer sagt denn, daß ich sie mir reinsaugen will?« Er dreht behutsam den Filter und klopft dann das andere Ende auf dem Handrücken flach. »Immer schön geschmeidig bleiben! Man wird ja noch eine ins Gesicht stecken dürfen. Solange sie nicht movt, können Sie nichts sagen!«
Ich bin der Depp im Schwank eines Bauerntheaters, und das Publikum schlägt sich vor Lachen auf die Schenkel.
Bevor ich mir überlegen kann, wie ich meine Rolle durch

eine gute Pointe herumreißen kann zu einem bis dahin verkannten Helden, der zuletzt und deshalb am besten lacht, dringt vom Fuß der Treppe ein bedenklicher Lärm. Heftiges Gepolter, ein erschrockener Schrei, aufgeregte Stimmen. Ich lasse die Lederjacken stehen – kurz, aber mit der ganzen Seele in die Erleichterung getaucht, doch noch zu einem guten Abgang von dieser Bühne gekommen zu sein, wenn auch ohne Lacher und Applaus – und eile auf die kleine Schülergruppe zu, die sich über ein Mädchen neigt, das am Boden sitzt und mit schmerzverzerrtem Gesicht den Knöchel hält.
»Was ist geschehen?«
Elke, die mir am nächsten steht, zuckt die Schultern. »Ich kenne die nicht.«
Ich wende mich an das Mädchen, das nun Anstalten macht, sich zu erheben. »Wie ist das passiert?«
»Umgeknickt«, murmelt sie und tastet zum Treppengeländer, um sich in die Höhe zu ziehen.
Ich greife ihr unter ihre Achseln, um sie zu stützen. »Nun helft ihr doch mal.«
Elke wiederholt: »Ich kenn die nicht«, und geht einen Schritt zurück.
Aus den Augenwinkeln sehe ich, wie sich Denise' breites Gesäß die Treppe hochschiebt. Sensationen sind nicht mehr zu erwarten. Kein Fremdverschulden, keine Toten, weder Peter Strohm noch der Fahnder werden sich einmischen – nur ein geschwollener Fuß.
»Helft doch mal mit.«
Endlich greift eine Schülerin unter die andere Achsel des Mädchens, und gemeinsam stellen wir sie auf die Beine. Ein vorsichtiger Versuch, den rechten Fuß zu belasten, entlockt dem Mädchen einen unterdrückten Schrei. »Verdammt, tut das weh!«

Ich halte nach den Lederjacken Ausschau. Dies wäre für sie eine gute Gelegenheit zur Wiedergutmachung. Aber alle drei haben sich natürlich aus dem Staube gemacht.
»Wir werden dich jetzt nach oben ins Sekretariat bringen«, erkläre ich dem Mädchen. »Dann rufen wir deine Eltern an, damit dich jemand abholen und zum Arzt bringen kann.«
Sie schüttelt den Kopf. »Bei mir zu Hause ist niemand. Meine Eltern arbeiten.«
»Dann bringt dich eben ein anderer zum Arzt. Ich werde es tun, wenn mich der Schulleiter freistellt. Oder dein Klassenlehrer.«
Ich erfahre, daß das Mädchen Andrea heißt und Frau Sternberg ihre Klassenlehrerin ist. Damit dürfte die nötige Hilfestellung gewährleistet sein. Frau Sternberg freut sich über jede außerplanmäßige Tätigkeit, die sie vom Unterricht entbindet.
Während des kurzen Gesprächs mit Andrea hat sich das Interesse an ihr und ihrem Unfall aufgelöst. Ihre Mitschüler sind ihrer Wege gegangen. »Freu dich! Der Doc schreibt dich bestimmt für ein paar Tage krank!« Andere drängen sich an uns vorbei. »Nun schieb deinen Flunken doch mal zur Seite!«
Andrea sieht sich nach bekannten Gesichtern um. Eine einzige Klassenkameradin hat an ihrer Seite ausgeharrt. »Hilfst du mir?«
Die andere nickt verdrießlich, stellt sich aber an ihre Seite. Andrea legt ihre Arme um unsere Schultern und müht sich auf dem linken Bein Stufe um Stufe die Treppe hoch. Ihre Schulmappe liegt noch auf dem Treppenabsatz.
Ich wende mich halb um, um Andreas Halt nicht zu

gefährden, und rufe nach hinten: »Kann mal jemand die Tasche hinterhertragen?«
Andrea hüpft zwei weitere Stufen aufwärts. Da vermisse ich die Schritte hinter uns, die ich erwartet habe. Wieder wende ich mich um. Schülergruppen stehen herum, alle auf einen gemeinsamen Mittelpunkt fixiert, niemand reagiert auf meinen Zuruf.
»Andreas Tasche! Jemand soll die Tasche bringen!!«
Ich habe so laut gebrüllt, daß meine Anweisung nicht mehr zu ignorieren ist. Und nun beginnt das Spiel, das ich zur Genüge kenne. Die Spielregeln: Wer hält es am längsten aus? Nichts tun, warten, bis ein anderer etwas tut, der schwächere Nerven hat!
Norbert ist der erste, der sich bewegt, während die anderen hämisch hinter ihm herlachen. »Spiel du mal den Butler, Kumpel!«
Völlig sinnwidrig tut mir Norbert leid. Hat sich denn das Maß, das ich bisher den Regeln der zwischenmenschlichen Beziehungen anzulegen pflegte, nun auch in meinem Kopf verschoben?
Norbert trottet mit rotem Kopf neben uns her, dann scheint er einen Weg aus seiner Hilfsbereitschaft gefunden zu haben, die ihn in den Augen seiner Mitschüler diskriminiert. Er läuft an uns vorbei und ruft über die Schulter zurück: »Ich stelle die Tasche schon mal ins Sekretariat!«
Er verläßt Tuckers Vorzimmer wieder, als wir gerade erst die Hälfte des Ganges bewältigt haben. Zuvorkommend öffnet er die Tür so weit, daß wir drei nebeneinander hindurchpassen werden. »Soll ich der Klasse sagen, daß Sie später kommen?«
Ich nicke ihm bestätigend zu.
»Ich kann ja den Lehrer der Nachbarklasse fragen, ob er

uns die Tür aufschließt. Und ich passe auch auf, daß keiner Scheiß macht.«
Er wartet mein nächstes Nicken nicht ab. Mit ein paar schnellen Schritten ist er im nächsten Treppenaufgang verschwunden. Ich bin froh, daß wenigstens Norbert sich noch schämen kann.
Andrea ist in unserer Mitte ins Sekretariat gehumpelt und hat sich auf einen Stuhl sinken lassen. Ich bitte ihre Klassenkameradin, Frau Sternberg zu holen, damit sie sich um Andreas Transport zum Arzt kümmern kann. Das Mädchen verschwindet erleichtert nach einem aufmunternden »Bleib locker, Drea!«.
Es dauert nicht lange, und Frau Sternberg erscheint auf der Bildfläche. Meine Anwesenheit wird dadurch eigentlich überflüssig, wenn man einmal davon absieht, daß Frau Sternberg mich in Sekundenschnelle mit den Aufgaben bedenkt, die sie selbst in den nächsten beiden Stunden hätte vornehmen müssen.
»Ein Notfall«, erklärt sie der Sekretärin. »Ich muß mich jetzt um dieses Mädchen kümmern. Sagen Sie bitte dem Chef, daß die Kollegin meine Klasse beschäftigt und beaufsichtigt.«
Andrea sieht hilflos von einem zum anderen und dann auf ihren Fuß, der von Minute zu Minute weiter anschwillt. Sie scheint sich nicht wohl zu fühlen in der Rolle des Opfers, das vom Mitgefühl anderer fremdbestimmt wird.
Dr. Bang sieht neugierig durch die immer noch weit geöffnete Tür und läßt sich erklären, was vorgefallen ist. »Ja, ja«, sagt er und bedenkt mich mit einem tiefgründigen Blick, »die Aufsicht im Erdgeschoß ist nicht ohne Grund besonders wichtig und sollte sehr gewissenhaft . . .«

Weiter kommt er nicht. Ich fahre herum und blitze ihn derart kämpferisch an, daß Dr. Bang der Mut verläßt, einen Vorwurf durchs Hintertürchen einzuschmuggeln.
»Die Aufsicht war da«, entgegne ich scharf, »und ist ihrer Pflicht gewissenhaft nachgekommen. Wenn man einmal davon absieht, daß einige Schüler bereits zwei Minuten vor dem ersten Klingelzeichen das Erdgeschoß betreten haben. Andreas Unfall jedoch hat sich erst nach diesem Klingelzeichen ereignet. Verhindern konnte ich ihn jedoch weder vor noch nach dem ersten Läuten.«
Andrea beginnt trotz ihrer Schmerzen zu kichern.
Dr. Bang blickt sie streng an. »Was gibt es da zu lachen?«
Andrea wendet sich ab. »Das ist wohl ein Fall für Korinthenkacker, was?«
Empört schiebt Dr. Bang die Tür ins Schloß, während Frau Sternberg sich zu einer pädagogischen Intervention veranlaßt sieht. »Aber, Andrea! So etwas sagt man doch nicht!«
Andrea drückt verächtlich die Mundwinkel auseinander. »Diese Grufties sollen sich doch pensionieren lassen.«
Frau Sternberg wendet sich an mich. »Sind Sie also so nett, sich um meine Klasse zu kümmern?«
Ich nicke ergeben. Eine zweite Klasse am anderen Ende des Ganges neben meiner eigenen zu beaufsichtigen ist kein leichtes Stück Arbeit. Und wenn dann wieder irgend etwas passiert ... »Weiß Tucker Bescheid?«
Die Sekretärin kommt aus Tuckers Allerheiligstem. »Sie sollen den Klassensprecher zur Aufsicht einsetzen«, erklärt sie mir, »und der Klasse natürlich eine Aufgabe vorlegen, mit der sie voll und ganz beschäftigt ist. Damit keiner auf dumme Gedanken kommt.«

»Woher nehmen und nicht stehlen?« Ich bin ratlos. Wie soll ich von einer Minute auf die andere für eine herrenlose Meute eine interessante Aufgabe finden, die sie zahm und gefügig macht?
»Was nehmen Sie gerade durch?« frage ich Frau Sternberg.
»Lektion sieben«, antwortet sie gleichgültig, »Relativsatz.«
»Wie soll ich daraus eine fesselnde Lektion machen?«
»Zeigen Sie ihnen einen Videofilm«, schlägt die Sekretärin vor. »Der Videoraum ist frei.«
»Und wer soll die Kosten für die Reparatur des Recorders übernehmen?« frage ich zurück. »Und die abgerissenen Vorhänge wieder anbringen?«
Ich greife nach meiner Tasche ... Wo ist meine Tasche? Andreas Mappe steht zu ihren Füßen, aber meine eigene wird wohl noch im Erdgeschoß unter der Weltkarte an der Wand lehnen.
Ich haste die Treppe hinunter und stehe kurz darauf ratlos vor der Weltkarte. Dort habe ich meine Tasche abgestellt, aber nun steht sie nicht mehr da. Voller Schreck fällt mir ein, was sie alles enthält: meine Autoschlüssel, Brieftasche mit Scheck- und Kreditkarte, Notenbuch, Klassenarbeiten, Arbeitsunterlagen ... Fieberhaft denke ich nach. Ist es möglich, daß meine Tasche von Schülern gestohlen wurde? Ich überlege nicht lange, bis ich mir eingestehen muß, daß ich vielen meiner Schüler noch ganz andere Verfehlungen zutraue.
Wenn ich die Folgen bedenke, die das Verschwinden meiner Tasche haben könnte, wird mir übel.
Im Hause ist es ruhig geworden. Der Unterricht ist längst eingeläutet worden. Nur aus der oberen Etage höre ich laute Stimmen – kreischendes Lachen, heraus-

forderndes Grölen. Bis ins Erdgeschoß dringt Carstens »Scheiße!«.
Und dann Tuckers Stimme: »Was ist denn da oben los?«
Ich stürze die Treppe wieder hoch. »Bin schon da!« rufe ich ihm im Vorübereilen zu. »Dieser Schulunfall! Und nun muß ich auch noch Frau Sternbergs Klasse beschäftigen!«
Mein Tempo muß den Sprinterleistungen der Kreisklasse ziemlich nahekommen, denn Tucker gelingt es nicht, mir zu antworten. Ehe er den Mund öffnen kann, bin ich schon ein Stockwerk über ihm, und meine weiten Schritte, die jede zweite Treppenstufe überspringen, mögen ihm so ausgiebige Einblicke gewähren, daß sein Tadel in meinen Kniekehlen steckenbleibt.
Ich dränge mich durch die Schülergruppe vor der Tür und handle mir einen Ellbogenhieb von Mario ein, weil er Damian hinter sich wähnt, der mal wieder »eins auf die Nuß« kriegen soll. Ich drohe Mario Vergeltung an, sobald ich wieder zurück bin, und allen anderen die Höchststrafe für auffälliges Fehlverhalten, falls sie in den folgenden Minuten meiner Abwesenheit Schaden an Menschen und Gegenständen anrichten sollten.
»Und die lautet?« fragt Birgit grinsend.
»Schwere Folterung bis zum letzten Klingelzeichen«, erkläre ich kurz und bündig und verzichte darauf, Denise eine nähere Erläuterung zu geben, die mit offenem Mund dasteht und über ihrer Verblüffung vergißt, die Schokoladenhülle von ihrem Überraschungs-Ei herunterzuschlucken, die jetzt in Form eines braunen Rinnsals über ihr Kinn tropft.
Bei Frau Sternbergs Klasse, die an meine schroffen Übertreibungen nicht gewöhnt ist, appelliere ich, wäh-

rend ich sie einlasse, an das für diese Klasse typische ausgeprägte Verantwortungsgefühl, von dem mir Frau Sternberg angeblich berichtet hat, und bitte um Geduld bis zu meiner Wiederkehr. Daß der Appell an das Gute in ihrer Schülerseele nichts gefruchtet hat, weil es, wie ich schon vermutet hatte, nicht existiert, erfahre ich, kaum daß ich die Tür wieder geschlossen habe. Lautes Gepolter läßt befürchten, daß dahinter ein Streetballspiel angepfiffen wurde, dem sowohl die Straße als auch der Ball fehlt. Ich wage nicht, mir auszumalen, für welchen Ersatz man sich entschieden hat, sondern eile wieder die Treppe hinunter ins Erdgeschoß. Ich muß meine Tasche finden!

Ich gehe das ganze Erdgeschoß ab, sehe in jeden Winkel, in jede Türnische – nichts. Vielleicht im Keller? Möglicherweise hat sie jemand hinuntergestoßen. Auf der ersten Stufe der Kellertreppe werfe ich einen Blick über das Treppengeländer – da sehe ich sie liegen, direkt vor der Tür des Aufenthaltsraums. Erleichtert laufe ich die Treppe hinab, greife nach meiner Tasche... aber ihr fehlt der Griff, die Schlösser sind aufgesprungen, Schmutzspuren lassen erkennen, daß sie derbe Tritte hinnehmen mußte. Auf dem Leder des Vorfachs, in dem mein Etui mit den Schreibgeräten steckt, hat sich ein Tintenfleck ausgebreitet. Der Grund dafür ist leicht herausgefunden. Meine Tasche ist derart mißhandelt worden, daß mein Füller im Etui zerbrochen und ausgelaufen ist. Das Papier muß herausgerutscht und dann wieder hineingestopft worden sein. Ein Teil der Klassenarbeiten ist verschmutzt und zerknittert. In fliegender Hast kontrolliere ich das Innere auf Vollständigkeit. Gott sei Dank, meine Unterlagen sind noch vorhanden, wenn auch zum Teil unbrauchbar. Und das Noten-

buch ... Das Notenbuch ist weg! Ich stelle die Tasche auf den Kopf, ordne ihren gesamten Inhalt sorgfältig wieder ein – das Notenbuch ist und bleibt verschwunden. Wer hat es genommen? Ich denke an die vielen kleinen Vermerke, die hinter manchen Namen stehen, an Noten, die noch keinen offiziellen Charakter haben – was wird mit meinen Aufzeichnungen geschehen?
»Ich wünsche Ihnen den Mut zu ändern, was Sie ändern können, die innere Gelassenheit, sich mit dem abzufinden, was Sie nicht ändern können, und die Weisheit, den Unterschied zu erkennen.« Rutschen Sie mir doch den Buckel runter, Professor Buchheim!
Ich lasse mich neben meine Tasche auf den Boden sinken, lege den Kopf auf die Knie und bin drauf und dran, meine Strumpfhose naßzuweinen. Mein Mann hat gesagt, notfalls könnten wir auch von seinem Gehalt leben. Notfalls. Aber wäre das überhaupt nötig? Ich könnte ja auf andere Weise Geld verdienen. Nicht soviel wie jetzt, zugegeben, aber soviel wie Tessa allemal. Ich kann mit einem Computer umgehen, beherrsche mehrere Textverarbeitungsprogramme, bin mit Büroarbeiten vertraut, kann stenographieren und gäbe bestimmt eine passable Sekretärin ab. Und hat nicht ein Freund von uns, der eine Rechtsanwaltskanzlei besitzt, einmal gesagt, ich könnte bei ihm anfangen, wenn ich wollte? Weil er sich sehnlichst eine Bürokraft wünscht, die einen Brief ohne Rechtschreibfehler tippen kann? Vielleicht hat er es gar nicht ernst gemeint – vielleicht aber doch. Ich werde ihn fragen. Ja, gleich morgen werde ich ihn anrufen und fragen.
Während der nächsten Stunde hetze ich zwischen den beiden Klassen hin und her, versuche, in der einen die Erledigung einer Aufgabe durchzusetzen, während in

der anderen in meiner Abwesenheit ein Gameboy-Wettkampf in der Sparte »Super-Mario-Land« ausgetragen wird. Als ich die Tür öffne, zirpt mir ein ganzes Heer von Video-Zikaden entgegen.
»Die Gameboys weg!«
»Nee, ich bin erst in der ersten Welt.«
Natürlich hat keiner den Text gelesen, wie ich es ihnen aufgetragen hatte.
»Die Gameboys weg!«
Das Zirpen verstummt, aber die auffällige Konzentration vieler Hände und Blicke auf das Fach unter der Tischplatte läßt den Verdacht zu, daß Super-Mario bei gedrosselter Lautstärke ungehindert seiner nächsten Welt zustrebt.
Meine Stimmung sinkt dem Nullpunkt entgegen. »Ihr solltet, während ich in Frau Sternbergs Klasse war, einen Text lesen. Macht jetzt eine kurze Inhaltsangabe. In ...« Ich blicke auf die Uhr. »In zehn Minuten.«
Unter empörtem Protest werden einige Gameboys zurück in die Taschen geschoben und die Bücher geöffnet.
»Nein, die Bücher bleiben geschlossen. Ihr habt den Text soeben gelesen, die Inhaltsangabe erfolgt aus dem Gedächtnis.«
»Und wenn da nichts drin ist?« fragt Norbert grinsend.
Ich versuche, gleichgültig zu erscheinen, und zucke die Schultern. »Das ist nicht mein Problem. Ich werde die Inhaltsangaben gleich einsammeln, um festzustellen, wer den Text gelesen und verstanden hat.«
»Kleinliche Rache«, wirft Birgit ein. Sogar Rita nickt.
Damian zieht seinen Gameboy wieder hervor. »Ich habe ihn nicht verstanden.«
Denise bleckt mir ihr Gebiß entgegen, das von Kaugummifäden zusammengehalten wird. »Ich auch nicht.«

»Ätzend«, sagt Carsten.
»Ehrlich, voll ätzend«, bestätigt Elke.
Sie haben recht, wenn sie beanstanden, daß dieser überraschende Test nichts als kleinliche Rache ist. Und ich schäme mich nicht einmal deswegen.
Ich will, daß sie endlich lernen, meine Anordnungen als verbindlich anzusehen und bereitwillig die Konsequenz dafür auf sich zu nehmen, wenn sie sie leichtfertig mißachten.
»Paragraph 22«, wirft Norbert ein. »Schriftliche Übungen müssen zwar nicht in jedem Fall vorher angekündigt werden, es sollte aber darauf geachtet werden, daß durch diese Übungen kein unverhältnismäßiger Leistungsdruck entsteht.«
Ich bin immer wieder verblüfft, mit welcher Behendigkeit er die richtige Stelle in der ASchO aufschlägt. »Ich halte diesen Leistungsdruck nicht für unverhältnismäßig«, erkläre ich kurz und bündig. »Ich bin sogar der Ansicht, daß keiner von euch unter Leistungsdruck steht. Jeder, der den Text gelesen hat, wird ohne jeden Leistungsdruck in der Lage sein, seinen Inhalt wiederzugeben.«
»Aber Sie wissen doch ganz genau, daß keiner ihn gelesen hat!« ruft Birgit empört.
Ich sehe sie erstaunt an. »Wie soll ich das wissen? Ich gehe davon aus, daß ihr meinen Anweisungen folgt.«
Mario erhebt sich und knallt mir ein unbeschriebenes Blatt Papier aufs Pult. »Das ist meine Inhaltsangabe!«
»Nach Paragraph 21 eine eindeutige Leistungsverweigerung«, entgegne ich prompt, »die mit ungenügend bewertet wird.«
»Meinetwegen schreiben Sie mir eine Sechs an«, knurrt Mario.

Und in diesem Moment geht eine Veränderung in der Klasse vor. Gleichzeitiges Aufmerken an der Mehrzahl der Plätze, die fortwährende Schwankung in der Geräuschkulisse nimmt schlagartig ab, eine gespannte Aufmerksamkeit liegt in der Luft. Ein Beweis, der vor keinem Gericht Gültigkeit hätte. Für mich Beweis genug! Ich bin sicher, in allen Gesichtern eine angespannte Vorfreude zu erkennen: Wird sie ihr Notenbuch zücken? Oder hat sie schon gemerkt, daß es fehlt?
Ich überlege nicht lange. Was immer ich jetzt tun könnte – es wird sinnlos sein. Gebe ich vor, mein Notenbuch nicht zu vermissen, oder bluffe ich sie mit gleichgültiger Miene, werden sie die eigene Unehrlichkeit als Lappalie einstufen und künftig immer wieder so sorglos mit fremdem Eigentum umgehen. Zeige ich ihnen meine Betroffenheit und versuche, an ihre Redlichkeit zu appellieren, werde ich unter Umständen nur Spott und Schadenfreude ernten. Besondere Ehrlichkeit – nämlich die getreue Schilderung aller Schwierigkeiten, die mich erwarten, wenn mein Notenbuch unauffindbar bleibt – könnte zu ihrem Erfolgserlebnis werden und sie bestätigen in der außergewöhnlichen Wirkung ihrer Tat. Wenn ich jedoch versuche, den Eintragungen in meinem Notenbuch ihre Bedeutung abzusprechen, sie auf eine belanglose Formalität zu reduzieren, um sie nicht in meiner Sorge und Angst schwelgen zu lassen, habe ich mir ein für allemal die Gelegenheit genommen, aus diesem Delikt einen brisanten Tatbestand zu machen.
»Wir enden heute früher«, höre ich mich sagen, »damit ich noch in Frau Sternbergs Klasse nach dem rechten sehen kann.«
»Und die Inhaltsangaben?« fragt Rita.

Ich ziehe es vor, diese Frage nicht zur Kenntnis zu nehmen und hoffe, daß Rita kein zweitesmal fragen wird. Die Schwäche befällt mich so plötzlich wie eine Viruserkrankung. Sie tut weh, behindert meine Bewegungen, mein Atmen, meinen Herzschlag.
»Schönen Gruß von meinem Vater«, sagt Damian, als er an mir vorbeigeht. »Sie möchten doch mal in seine Praxis kommen. Er meint, so ein Dialog brächte vielleicht mehr als einer von Angesicht zu Angesicht . . .«
Während die Klasse in wieherndes Gelächter ausbricht und sich kichernd und prustend an mir vorbei aus dem Raum schiebt, macht sich der Virus in meinem Kopf breit, spaltet sich in Sekundenschnelle abertausendmal, dehnt sich aus, infiziert seine Umgebung, mein ganzes Fühlen und Denken. Ein für allemal bin ich verloren, wenn meine Schwäche so deutlich geworden ist, daß man mit ihr spielen kann.
Ich nehme Marios leeres Blatt und lasse es in den Papierkorb flattern.

Tucker steht vor der Tür des Lehrerzimmers und sieht mir entgegen. »Ich habe auf Sie gewartet«, sagt er. »Kommen Sie mit in mein Büro.«
Mir wird unbehaglich zumute. Tucker hat mich so reserviert angesehen wie jeden anderen männlichen Kollegen. Da muß etwas im Busch sein! Und mein Eindruck wird bestätigt, als er mit einem kurzen Handzeichen auf seinen Besucherstuhl weist und sich selbst ohne viel Umstände niederläßt. Wenn Tucker nicht um seine steife Verbindlichkeit bemüht ist, haben sich finstere Wolken am pädagogischen Himmel zusammengeballt.

»Mir sind Klagen zu Ohren gekommen«, beginnt Tucker ohne Umschweife. »Sie erinnern sich an unser Gespräch am Montagmorgen?«
Er betrachtet mich wachsam, als verdächtige er mich schon jetzt einer Ausflucht, die er vereiteln will, bevor ich sie in die Wege leiten kann.
Meine Gedanken überschlagen sich. »Die Klassenarbeit? Deren Bewertung ich von Ihnen genehmigen lassen wollte?«
Tucker klopft auf seine Schreibtischplatte. ». . . die ich nicht genehmigt habe!« sagt er mit erhobener Stimme. »Trotzdem haben Sie sie nicht noch einmal schreiben lassen, sondern sie gewertet mit diesem miserablen Ergebnis!«
Wie ist Tucker dahintergekommen? Nie zuvor hat sich ein Schüler vom Schulleiter die Richtigkeit meiner Angaben bestätigen lassen.
»Dr. Friedrichsen gehört zu den Vätern, die sich nicht mit einer Entschuldigung abspeisen lassen.«
Damians Vater! Ich hätte es mir denken können. Jetzt ist Tucker anzusehen, daß ihn weniger meine Verfehlung als vielmehr der Ärger verdrießt, den Dr. Friedrichsen ihm angekündigt hat.
Ich wage einen zaghaften Einwand. »Dr. Friedrichsen sollte erst einmal bei seinen eigenen Pflichten beginnen. Er hat es bis heute nicht geschafft, seinen Sohn zur Pünktlichkeit anzuhalten.«
Tucker springt erregt von seinem Stuhl auf. »Das eine hat mit dem anderen nichts zu tun. Es ist Ihre Sache, die Schüler zur rechten Zeit und erschöpfend mit Unterricht zu versorgen. Außerdem ist es Ihre Sache, die Klassenarbeiten so zu gestalten, daß jeder mittelmäßige Schüler sie bewältigen kann. Und ebenfalls . . .«, kommt

er meinem Einwand zuvor, zu dem ich gerade ansetzen will, ». . . ebenfalls ist es Ihre Sache, dafür zu sorgen, daß Hausarbeiten erledigt werden.«

»Und die Eltern?« frage ich so gleichmütig wie möglich, denn Tucker darf jetzt nicht unnötig provoziert werden. »Wo bleiben die Pflichten der Eltern?«

»In der Schule trägt der Lehrer die Verantwortung!«

»Ich lehne es ab, ein Reparaturbetrieb für die Fehler der Eltern zu sein. Und erst recht lehne ich es ab, den Sündenbock zu spielen für Eltern, die zu bequem und zu gleichgültig sind, ihre Kinder zu erziehen.«

»Apropos Reparatur . . .«, wirft Tucker mit gefährlich leiser Stimme ein. »Da war noch ein Anruf. Von einem Herrn Winkelmann. Er behauptet, Sie hätten den Walkman seines Sohnes demoliert und seien nicht bereit, für den Schaden aufzukommen.«

[illegible] rchte ich, daß [illegible] erden. Schwer [illegible] ker den Vorfall [illegible] ngeblich Scha- [illegible]

[illegible] u als hinfällig. [illegible] es Waffenarse- [illegible] ch abzufeuern [illegible] elnen Attacke [illegible]

[illegible] ilers herausge- [illegible] ucker mit einer [illegible] lünderung vor.

[illegible] stand und die [illegible] nd effektvolle [illegible] gefahren und umgestoßen haben.« Tucker gibt nun vor, nach Atem zu

ringen. »Lieber Himmel, zehn Zentimeter weiter, und Sie hätten den Jungen erwischt! In welchem Tempo befahren Sie eigentlich unser Schulgelände? Ist es so, daß Sie Morgen für Morgen das Leben unserer Schüler gefährden, ohne daß ich bisher eine Ahnung davon hatte?«
Nun ist es anscheinend doch an der Zeit, Tucker über die Einzelheiten jenes Vorfalls aufzuklären. »Also, Herr Tucker, das war natürlich alles ganz anders...«
Aber mein Schulleiter ist augenscheinlich entschlossen, sich die Freude an seiner Entrüstung nicht durch schlagkräftige Gegenargumente wieder nehmen zu lassen. »Und daß der Sohn von Herrn Winkelmann Gelegenheit hatte, in die Cafeteria zu ... zu urinieren? Das war wahrscheinlich auch ganz anders? Womöglich ein Hund, der von der Straße hereingelaufen ist..«
Seine Darstellungsweise ist voreingenommen und tendenziös. Ich fühle mich nicht verpflichtet, mit fairen Waffen gegen sie anzukämpfen, sondern versuche, ihn in der Auffassung zu bestärken, die ich für die richtige halte. Indem ich seine ignoriere und vorgebe, nur eine einzige für möglich zu halten. »Eine Schweinerei, daß Mario in die Ecke gepinkelt hat! Ich hoffe, das haben Sie seinem Vater klar und unmißverständlich gesagt.«
Tucker starrt mich sekundenlang an, bis er begreift, daß ich ihn bei den Schultern gepackt und in die entgegengesetzte Richtung gedreht habe. Entschlossen wendet er sich wieder um. »Mich interessiert im Augenblick mehr die Frage, wie der Bengel die Gelegenheit dazu bekommen konnte«, beharrt er eigensinnig.
Aber seine schwankende Stimme verrät seine Unsicherheit und den Ärger darüber, daß er eine Sichtweise außer acht gelassen hat, die ihm das Gespräch

mit Herrn Winkelmann erleichtert hätte. Aber an Tuckers Unsicherheit, das weiß ich aus mannigfacher Erfahrung, kann sich niemand lange erfreuen. Wer ihn verunsichert hat, wird über kurz oder lang dafür bestraft.

»Der Ausschluß eines Schülers von der laufenden Unterrichtsstunde muß in Relation zu dem Fehlverhalten stehen.«

Ich begegne seinem vorwurfsvollen Blick gelassen. »Kennen Sie Marios Fehlverhalten?« frage ich. »Hat Herr Winkelmann Ihnen von dem Fehlverhalten seines Sohnes berichtet?«

Jetzt habe ich meinen Chef nicht nur verunsichert, sondern zugleich verwundet. Er scheint sich tatsächlich nicht informiert zu haben, was Mario getan hat, bevor er von mir aus der Klasse gewiesen wurde.

»Es soll eine freche Bemerkung gewesen sein...«

»Sehr banal ausgedrückt. Es war eine ordinäre Zote.«

»Aha!« Tucker scheint kein Interesse daran zu haben, sich Marios Unflätigkeit per Zitat anzuhören. »Eine Zote! In der ASchO steht ausdrücklich, daß ein Schüler nur vom Unterricht ausgeschlossen werden darf, wenn dies zur Aufrechterhaltung des störungsfreien Unterrichts notwendig ist. War es aber für Sie nicht nur ein bequemes Mittel, einen lästigen Schüler loszuwerden?«

Da ist sie, meine Strafe für seine Verunsicherung und für die Blessur seiner Autorität. Tuckers Gesicht leuchtet in der Freude an seiner schäbigen Genugtuung. »Sie hätten dafür sorgen müssen, daß eine weitere Beaufsichtigung des Schülers gewährleistet ist. Wenn das nicht sichergestellt werden kann, muß eine solche Maßnahme in einer Konferenz beraten und durch Anord-

nungen des Schulleiters, je nach den örtlichen Gegebenheiten, abgegrenzt werden.« Hämisch blickt er mich an. »Auch das regelt die ASchO.«
Ich muß mich zwingen, an diesem Gespräch festzuhalten, statt es wegzuwerfen, mitten in Tuckers Gesicht hinein ... »Wenn ich Sie also richtig verstehe, wird hier – und wurde auch in Ihrer Unterhaltung mit Herrn Winkelmann – nur mein Vergehen diskutiert, das darin besteht, Mario die Möglichkeit verschafft zu haben, unbeaufsichtigt eine grobe Schweinerei anzurichten. Die Tatsache, daß Mario die Frechheit besaß, in eine Ecke der Cafeteria zu pinkeln, wird gar nicht zum Gegenstand einer Anklage? Wieder einmal wird die Schuld bei der Schule, beim Lehrer gesucht. Und natürlich auch gefunden. Und Sie stellen sich nicht vor Ihre Schule, vor Ihre Lehrer – so, wie Herr Winkelmann sich vor seinen Sohn stellt?«
Ich will nicht brüllen. Hat mich nicht Mario noch vor kurzem an die Tatsache erinnert, daß der unrecht hat, der schreit? Aber ich habe recht und schreie trotzdem! »Stellen Sie sich vor, Sie kommen heute mittag aus der Schule und stellen fest, daß Ihr Auto von einem anderen zu Schrott gefahren worden ist. Wie würden Sie sich fühlen, wenn anschließend darüber beraten wird, warum Sie mit dem Wagen und nicht mit dem umweltfreundlichen Fahrrad zur Schule gekommen sind? Denn hätten Sie sich fürs Fahrrad entschieden, hätte der Verkehrsrowdy keine Gelegenheit erhalten, Ihr Auto zu demolieren!«
Tucker mag solche Beispiele nicht, und erst recht mag er nicht, wenn jemand versucht, lauter zu sprechen als er selbst. Überhaupt läßt er sich von einer Frau vorzugsweise durch ihre Körpersprache überzeugen. Tucker

braucht das Gefühl männlicher Überlegenheit und legt Wert darauf, immer wieder seine Position auf der Leiter der Hierarchie zu definieren.
»Sie machen, was Sie wollen«, stößt er zornig hervor. »Scheren sich nicht um meine Anordnungen, nicht um die Bestimmungen der ASchO... In einem riesigen System läßt sich nur einheitlich handeln.« Und nun scheint ihm noch etwas einzufallen, was die Auflistung meiner Missetaten vervollständigt. »Wie kommen Sie eigentlich dazu, die Tür zum Klassenzimmer nach dem Läuten abzuschließen?«
»Eine Viertelstunde nach dem Läuten«, korrigiere ich ihn. »Warum? Ganz einfach. Ich habe nach einer Lösung gesucht, die Schüler zur Pünktlichkeit zu erziehen. Haben Sie nicht eben selbst gesagt, daß das zu meinen Aufgaben gehört? Nun, ich habe ein Erziehungsmittel gefunden. Was kann daran schlecht sein?«
»Rechnen Sie damit, daß Ihre Gesinnung Folgen haben wird«, keucht Tucker empört. »Ich erwarte von Ihnen, daß Sie sich bei Dr. Friedrichsen und Herrn Winkelmann entschuldigen. Beide Väter wären dann bereit, von einer Verfolgung der... der Angelegenheit abzusehen.«
Ich soll mich bei dem Gynäkologen entschuldigen? Womöglich in jenem Dialog, der nach seiner Ansicht mehr Erfolg verspricht als der von Angesicht zu Angesicht?
»Vorausgesetzt, Sie finden ein paar besänftigende Worte für die beiden und erklären sich bereit, die unliebsamen Vorkommnisse aus der Welt zu schaffen.«
Besänftigende Worte für den fetten, schwitzenden Herrn Winkelmann? Soll ich ihm gar einen Hunni für seinen Sohn rüberschieben, nach dem er grabschen und mir seinen Bauch entgegenwabern wird?

»Niemals!« Ich erhebe mich so unerwartet, daß Tucker noch für Sekundenbruchteile auf meinen Gürtel sieht, ehe er mir ins Gesicht sehen kann. »Mir langt's!«
Ich stemme die Fäuste auf seine Schreibtischplatte, beuge mich vor und sehe ihn herausfordernd an. Präge mir alles ein, was mir unsympathisch ist an diesem Mann – den lippenlosen Mund, das schlecht rasierte Kinn, die wäßrigen Augen, die mich jetzt anstarren wie die eines hypnotisierten Kaninchens, das die Schlange fürchtet.
Der erlösende Moment der Befreiung ist nur ein greller Blitz, aber in dem Grollen des Donners fühle ich schon die tiefe Befriedigung darüber, daß die drückende Schwüle ein Ende haben wird, daß ich bald vor der Schule stehen, in den Wind schnuppern und mich an der reinen Luft erfreuen werde.
»Mir langt's!« wiederhole ich und würde es am liebsten wieder und wieder hinausschreien.
Tuckers Augen starren mich immer noch verständnislos an. Er wird eine wortreiche Erklärung benötigen, bis er begreifen kann, wozu ich mich soeben entschlossen habe. Aber ich habe keine Lust, sie ihm zu geben.
»Mir langt's!« erkläre ich ein weiteres Mal. »Soll diese dummen, dreisten, faulen Schüler doch ein anderer unterrichten, ich nicht mehr!«
Ich gehe zur Tür, bleibe dort noch einmal stehen und drehe mich um. »Soll doch ein anderer nach Ihrer Pfeife tanzen, ich nicht mehr! Und meinetwegen sollen andere gleichgültige Eltern ihre unerzogenen Sprößlinge in die Schule schicken, um sie dort bändigen zu lassen – ohne mich! Ich spiele nicht mehr mit!«
Vorsichtig ziehe ich die Tür hinter mir ins Schloß. Tucker jetzt noch mit einem Türenknallen zu erschrecken wäre wohl zu grausam.

»Mir langt's!« werfe ich der Sekretärin zu. Ich rufe es in Dr. Bangs strenges Gesicht, unterbreche eine prahlerische Erzählung Frau Rubenbauers, verdutze Frau Sternberg und verhindere in letzter Sekunde, daß sich Herr Stockerbaum vor Schreck neben seinen Stuhl setzt. Das Gesicht der eifrigen jungen Referendarin verzieht sich in mißbilligende Falten. Aber auch vor ihr und der Rücksicht auf die lange Strecke, die sie noch zu gehen hat und für die sie mir von Herzen leid tut, mache ich nicht halt.

MIR LANGT'S